다 못해도 괜찮아

다 못해도 괜찮아

프롤로그

완벽하지 않아도 괜찮다는 말을 진심으로 믿게 되기까지, 나는 참으로 많은 시간을 헤맸다.

어린 시절부터 나는 늘 무언가 부족한 사람이라고 여겨왔다. 다른 아이들보다 이해력이 느렸고, 수학 문제를 푸는 속도도 뒤처졌으며, 그림을 그려도 친구들만큼 예쁘게 나오지 않았다. 초등학교 1학년 때 피아노 학원에서 한 달 만에 쫓겨났던 기억도 있다. 부모님은 "괜찮다, 네 나름대로 잘하고 있어"라고 위로해주셨지만, 그 말들이 오히려 내가 정말로 부족하다는 증거처럼 느껴졌다.

학창시절 내내 나는 완벽해지려고 애썼다. 시험에서 원하는 점수를 받지 못하면 밤새 자책했고, 발표에서 실수라도 하면 며칠 동안 그 순간만 떠올리며 괴로워했다. 대학에 들어가서도, 직장에 들어가서도 마찬가지였다. 항상 더 잘해야 한다는 강박에 시달렸고, 조금이라도 실수를 하면 세상이 무너지는 것 같았다.

"다 못해도 괜찮다"라는 깨달음에 이르게 된 것은 지금까지 숱한 실패를 겪으면서도 포기하지 않았기 때문이다. 실패할 때마다 그 경험을 발판 삼아 한 걸음씩 나아가려 노력했다. 그 순간에는 무너질 것 같았던 실패들도 시간이 흐르면 결국 아련한 추억이 되어버린다. 직장에서 큰 실패를 한 적이 있었다. 예전의 나라면 그 자리에서 바로 포기했을 것이다. 하지만 그날은 달랐다. 동료들이 "괜찮다, 다시 하면 되지"라고 말해줬고, 그 순간 문득 깨달았다. 완벽하지 않은 내 모습을 있는 그대로 받아들여주는 사람들이 있다는 것을, 그리고 실패해도 세상은 여전히 돌아간다는 것을.

그날 이후 나는 조금씩 변하기 시작했다. 완벽을 추구하는 대신 최선을 다하는 것에 집중했고, 실수를 했을 때도 그것을 배움의 기회로 받아들이려 노력했다. 물론 쉽지 않았다. 오랜 습관을 바꾸는 일은 생각보다 훨씬 어려웠고, 여전히 완벽주의적 성향이 고개를 들 때가 많았다.

이 책은 그런 나의 여정을 담고 있다. 완벽해지려 애쓰던 시간들, 그 과정에서 겪었던 좌절과 깨달음들, 그리고 마침내 '다 못해도 괜찮다'는 진리를 받아들이게 된 이야기들을 진솔하게 풀어냈다. 나와 같은 고민을 하고 있는 누군가에게, 이 글이 작은 위로와 용기가 되기를 바란다.

완벽하지 않아도 괜찮다. 우리는 모두 그렇게 살아가고 있으니까.

38세, 이것저것 다 못하는 내가 책을 쓰는 이유

완벽하지 않아도 괜찮고, 다 못해도 괜찮다.

38세, 불혹을 바라보는 지극히 평범한 내가 매일 글을 쓰고 책을 출간하려는 이유다. 남편으로서, 두 아이의 아빠로서 나름대로 역할을 하면서도 '나 같은 평범한 사람도 나의 이야기를 책으로 출간할 수 있다'는 것을 보여주고 싶었다. 특별한 재능이 없어도, 특출난 경험이 없어도, 평범한 일상 속에서 충분히 의미 있는 이야기를 만들어낼 수 있다는 것을 증명하고 싶었다.

2025년 1월 1일부터 글쓰기 모임에 참여했다. 목표는 막연했지만 분명했다. 책을 출간하는 작가가 되고 싶었다. 책을 통해 사회에 메시지를 전하고 싶었기 때문이다. 업무와 육아를 하면서 틈틈이 하루 2시간씩 써나갔다. 밤늦게 아이들이 잠든 후, 새벽 일찍 아이들이 깨기 전, 점심시간, 출퇴근 시간까지 틈나는 대로 글을 썼다.

처음에는 막막했다. 뭘 써야 할지, 어떻게 써야 할지 감이 오지 않았다. 하지만 일단 시작하고 보자는 마음으로 노트북 앞에 앉았다. 글감이 떠오르지 않아도 늘 같은 시간, 같은 자리에 앉아 있었다.

내가 사회에 전달하고자 했던 메시지는 '아이들은 죄가 없다'였다. 10년간 학교전담경찰관으로 일하면서 만난 수많은 위기청소년들을 통해 절실히 느낀 바였다. 아이들이 잘못된 길로 빠지는 데는 반드시 이유가 있었다. 가정에서의 방임과 학대, 경제적 어려움, 사회적 편견이 복합적으로 작용한 결과였다. 그렇게 나의 첫 책 '아이들은 죄가 없습니다'가 출간되었다.

하지만 깨달았다. 자유로운 글쓰기와 책 쓰기는 완전히 다르다는 것을. A4용지 1장은 쉽게 써내려오던 평소와 달리, 책을 쓰려고 하면 한 단어, 한 문장마다 '썼다가 지웠다가'를 수십 번 반복했다. '이게 맞나? 이런 말을 써도 되나?' 등의 고민을 수백 번 했다. 독자들이 이해하기 쉬울까, 재미있게 읽을 수 있을까, 도움이 될까 하는 걱정이 끊임없이 따라다녔다. 어니스트 헤밍웨이는 "모든 것의 초고는 쓰레기다"고 말했다. 글을 쓸 때면 늘 이 말을 머릿속에 각인시키고 일단 썼다. 완벽한 문장을 쓰려고 하면 한 줄도 쓸 수 없다. 일단 쓰고 나중에 고치면 된다는 마음으로 썼다.

첫 책을 출간하면서 세상에 내놓기만 하면 저절로 팔릴 줄 알았다. 나의 큰 오산이었다. 책을 쓰는 것과 홍보하는 것은 완전히 다른 영역이라는 것을 깨달았다. 부끄럽지만 조심스럽게 지인들에게 홍보를 했다. 정말 감사하게도 나보다 더 적극적으로 책을 홍보해주시고 심지어 강의 자리까지 마련해주신 분도 계셨다. 그런 분들을 보면서 내가 평소에 얼마나 관계에 소홀했는지 반성하게 되었다.

"많이 팔리지도 않을 책을 뭐 그렇게 많은 시간을 투자해서 쓰냐?"라고 말한 지인이 있었다. 이상하게 기분이 나쁘지 않았다. 오히려 내가 진정으로 무엇을 위해 글을 쓰고 책을 출간하는지 다시 생각해보는 계기가 되었다.

첫 번째 책이 전문적 경험에서 나온 사회적 메시지였다면, 이번 책은 더 개인적이고 일상적인 이야기다. 완벽하지 않은 남편, 부족한 아빠, 특별할 것 없는 38세 평범한 남성의 이야기. 하지만 바로 그 평범함 속에서 찾은 위로와 희망의 메시지를 담고 싶었다.

이 책은 일과 육아에 지친 엄마, 아빠들에게, 무엇을 해야 할지 갈팡질팡하며 시작조차 하지 못하고 있는 청년들에게, 바쁘다는 핑계로 운동은 안 하면서 유튜브 쇼츠는 하루에 2시간씩 보다가 잠드는 직장인들에게, '가화만사성'을 꿈꾸는 신혼부부나 예비부부들에게 조금이나마 희망과 위로가 되길 바란다.

이 세상 사람들이 뭐든지 다 잘해내면 얼마나 좋을까. 하지만 인간이기에 그럴 수 없다. 완벽할 수도 없고, 모든 것을 다 잘할 수도 없다. 반대로 나처럼 잘하는 것이 하나도 없어도 즐겁게 살아갈 수 있고, 살아낼 수 있다.

완벽하지 않아도 괜찮고, 다 못해도 괜찮다.

그런 마음으로 함께 공감하고 소통했으면 하는 바람이다.

이 책은 전문서적도 아니고, 화려한 자기계발서도 아니다. 그저 지극히 평범한 30대 후반 대한민국 남성의 이야기이다. '이런 사람도 책을 출간 하는구나' 정도만 느끼길 바라는 마음에서 꾸준히 기록했다.

이 책을 읽고 꾸준한 글쓰기 습관과 책 출간, 이 두 가지 목표가 생겼다는 독자가 단 한명이라도 생겼으면 하는 간절한 마음을 담았다.

목차

프롤로그 ··· 4

제1장 _ 이것저것 다 못하는 나, 괜찮아

_ 3대 200 못 들어도 괜찮아 ··· 18

_ 잘 달리지 못해도 괜찮아 ··· 25

_ 접영 못해도 괜찮아 ··· 32

_ 먹기 위해 움직여도 괜찮아 ··· 38

_ 알람과 씨름해도 괜찮아 ··· 46

_ 말 좀 못해도 괜찮아 ··· 54

_ 운동 작심삼일해도 괜찮아 ··· 62

_ 일상이 단순해도 괜찮아 ··· 69

제2장 _ 서툰 남편, 부족한 아빠, 괜찮아

_ 자꾸 혼나도 괜찮아 … 78
_ 조금 서툴러도 괜찮아 … 83
_ 투자 공유해도 괜찮아 … 90
_ 완벽한 아빠가 아니어도 괜찮아 … 97
_ 늦었다고 생각해도 괜찮아 … 103
_ 잠시 쉬어도 괜찮아 … 108
_ 아이와 놀아주는 게 어려워도 괜찮아 … 114
_ 아빠가 육아휴직해도 괜찮아 … 121

제3장 _ 느린 성장, 작은 변화, 괜찮아

_ 방황해도 괜찮아 … 130

_ 나만 생각해도 괜찮아 … 138

_ 그 누가 뭐라 해도 괜찮아 … 143

_ 자주 만나지 않아도 괜찮아 … 149

_ 혼자서 힘들면 함께해도 괜찮아 … 155

_ 오프라인 모임 참석해도 괜찮아 … 160

_ 독서 속도 느려도 괜찮아 … 165

_ 글쓰기 실력 늘지 않아도 괜찮아 … 172

제4장 _ 평범한 꿈, 소소한 도전, 괜찮아

_ 꿈이 있는 것만으로도 괜찮아 … 182

_ 투자 실패 경험해도 괜찮아 … 190

_ 책이 많이 팔리지 않아도 괜찮아 … 198

_ 많이 쓰지 않아도 괜찮아 … 205

_ 홍보 서툴러도 괜찮아 … 212

_ 매일 확인하지 않아도 괜찮아 … 218

_ 거창한 목표 없어도 괜찮아 … 226

_ 특별하지 않아도 괜찮아 … 232

에필로그 … 238

1장

이것 저것 다 못하는 나, 괜찮아

3대 200 못 들어도 괜찮아

'아무것도 하지 않으면 아무 일도 일어나지 않는다.'

– 기시미 이치로

웨이트 트레이닝의 기본이자 핵심인 스쿼트, 벤치프레스, 데드리프트. 이 세 종목의 1RM[1회 최대 중량] 합계로 실력을 재는 '3대 운동'이 있다. SNS에서 한때 유행했던 '3대 500'은 이 세 종목 합산 500kg을 들어 올리는 것을 의미한다. 나는 3종목 합산 150kg을 간신히 넘겼다. 그것도 최근의 일이다.

어렸을 때부터 운동을 좋아했지만 혼자 하다 보니 체계적으로 해본 적이 없었다. 무분할, 2분할, 3분할 같은 전문 용어들도 최근에서야 겨우 이해했을 정도다. 20대 초반 헬스장에 처음 등록했을 때가 기억난다. 다른 사람들은 자연스럽게 기구를 사용하는데, 나는 어떤 기구가 어느 부위에 자극이 오는지 몰라서 한참을 서성거렸다. 이런 내 모습이 너무 초라해 보여서 며칠은 헬스장 가는 것을 꺼렸다.

그래도 일단 헬스장에 등록하면 무조건 매일 갔다. 운동하기 싫은 날에는 씻고만 온 적도 있다. 헬스장에서 다른 사람들을 보면 부럽기만 했다. 내가 간신히 들고 있는 중량을 워밍업으로 하는 사람들을 보면서 '언제쯤 저렇게 될 수 있을까?' 하고 자주 생각했다. 특히 벤치프레스를 할 때면 더욱 그랬다. 옆에서 100kg 넘게 드는 사람을 보면 나는 겨우 40kg도 힘들어하고 있으니 얼마나 초라했는지 모른다.

20대 초반 군대 헬스장에서 운동을 하던 중, 내 눈앞에서 동기가 벤치프레스에 깔려 부상을 당하는 것을 봤다. 다행히 금방 회복했지만, 그때 너무 놀라서 '절대로 무리한 중량은 들지 말자'고 다짐했다. 사실 그 사건 이후로 몇 달간은 헬스장에 가는 것 자체를 두려워했다. 지금이야 아무렇지 않게 이야기를 하지만 그 때는 정말 놀랐다. 벤치프레스만 봐도 무서웠고, 혹시나 싶어서 중량을 더욱 낮췄다. 지금 생각해보면 이 경험이 오히려 도움이 되었다. 무리하지 않고 꾸준히 하는 습관을 기를 수 있었기 때문이다. 물론 중량은 늘지 않았지만, 적어도 부상을 당하지도 않았다.

몇 년을 보내다 보니 헬스장에서 아는 얼굴들이 생겼다. 처음에는 인사하기도 어색했지만, 시간이 지나면서 자연스럽게 대화도 나누게 되었다. 아마도 오랜 기간 내가 옆에서 힐끔힐끔 쳐다봤기 때문일 것이다. 힐끔힐끔이라는 표현이 무색할 정도로 대놓고 쳐다보긴 했다. 그들 중 당시 50대 초반으로 보이는 한 분이 "꾸준히 오시네요. 몇 년 됐어요?"라고 물었을 때 "3년 정도 됐는데 실력은 제자리걸음이에요."라고 답했던 기억이 난다. 그분은 웃으면서 "중요한 건 꾸준히 오는 거예요. 나도 처음엔 그랬어요."라고 말해주었다. 나도 꾸준히 하다보면 50대가 되었을 때 그분정도의 육체미를 가질 수 있을 것 같은 희망이 생겼다. 그 한마디가 큰 위로가 된 셈이다.

SNS를 통해 운동 인플루언서들의 '3대 500' 혹은 그 이상의 운동 수행 능력을 보면 여전히 부럽다. 하지만 '뱁새가 황새를 따라가면 다리가 찢어진다.'는 말처럼, 나의 운동 능력 수준에 맞춰 천천히 가기로 했다. 솔직히 말하면 '3대 200'도 언제 달성할 수 있을지 모르겠다. 어떤 날은 컨디션이 좋아서 평소보다 5kg 더 들 수 있는가 하면, 어떤 날은 평소 중량도 힘든 날이 있다. 이런 편차를 겪으면서 내 몸의 한계를 조금씩 알아가고 있다. 큰 부상 없이 여기까지 온 것만으로도 다행이라고 생각한다.

주변에서 나에게 "운동을 열심히 하는 것 같은데 혼자 하지 말고 방법을 알려 달라"고 하지만, 실제 나의 운동하는 모습을 보고 나서는 "30분밖에 안 해? 진짜 끝이야?" "중량도 별로인데?"라는 반응이 대부분이다. 매번 민망하다. 한 번은 회사 동료가 함께 헬스장에 가자고 해서 갔는데, 나의 운동하는 모습을 보더니 "이렇게 하면 언제 늘어? 제대로 알려주기 싫어서 그런 거지?"라고 물었다. 순간 할 말이 없었다. 사실 나도 운동 방법과 루틴이 궁금했고, 오해를 피하려고 사전에 거듭 이야기했다.

"웨이트 관련해서 내가 누굴 가르칠 수준이 아니라고"

아직도 한없이 부족한 실력이지만 운동과 독서를 꾸

준히 하며 깨달은 것이 있다. '아무것도 하지 않으면 아무 일도 일어나지 않는다.'는 것과 '어떤 분야든 꾸준함이 가장 중요하다'는 것이다. 중학교 때부터 팔굽혀펴기, 윗몸일으키기, 턱걸이 등 맨몸 운동을 해왔다고 하면 대단해 보이지만, 실제로는 하루에 5~10분 정도의 정말 간단한 것들이었다. 샤워하기 전, 몸에 열을 조금 내서 찬물 샤워하기 위함이었고, 그마저도 빼먹는 날이 많았다. 시험 기간이나 바쁠 때는 며칠씩 건너뛰기 일쑤였고, 방학 때는 아예 잊고 지내는 경우도 있었다. 그런데도 완전히 포기하지는 않았다. 다시 생각나면 또 시작했다. 지금 생각해보니, 중학교 졸업을 앞두고, 고등학교 입학 전에 개인 체력 향상을 목표로 혼자서 뒷산을 뛰어다녔던 기억도 있다. 정상까지 1시간 내로 다녀오면 집에서는 "또 PC방 1시간 다녀왔지?"라고 했다. 나는 답했다. "아니 한겨울에 땀 흘려서 김이 모락모락 나고 있는데 PC방이라뇨."

"운동을 해야 하는 것은 알고 있는데 시간이 없어서 운동을 못하는 상황이에요."라고 말하는 사람들을 이해한다. 나도 그런 핑계를 무수히 댔었기 때문이다. 회사에서 업무가 많았던 시기에는 한 달 넘게 헬스장에 가지 않은 적도 있다. 둘째를 출산한 뒤에도 1년가량 헬스장에 가지 않았다. 그 때는 정말 시간이 없다고 생각했다. 돌이켜 생각해보면 집에서 TV를 보거나 스마트폰을 하는 시간은 있었다. 결국 핑계는 핑계일 뿐이었다. 시간이 없는 게 아니라 우선순위에서 밀린 것뿐이었다.

다시 시작할 수 있었던 건 완전히 포기하지 않았기 때문이다. 헬스장에 가지 못했을 때는 집에서라도 팔굽혀펴기를 했고, 그마저 여의치 않을 때는 계단을 올랐다. 엘리베이터 대신 계단을 오르내리는 것만으로도 운동이 된다는 걸 알았다. 작은 것부터 시작하다 보니 다시 헬스장에 갈 용기가 생겼다.

당장 헬스장에 가는 것이 부담스럽다면 집에서 맨몸 운동도 충분하다. 요즘은 공원에만 가도 운동 기구들이 잘 설치되어 있다. 유튜브에도 맨몸 운동 영상이 무수히 많다. 핑계를 대려면 끝이 없지만, 시작하려면 방법은 얼마든지 있다. 중요한 것은 일단 시작하는 것이다. 나처럼 3대 150도 간신히 드는 사람도 헬스장에 간다. 부족하지만 포기하지는 않는다. 완벽하지 않아도, 서툴러도, 느려도 괜찮다. 당신도 나도 우리 모두가 할 수 있다. 완벽할 필요 없다. 지금 이 순간 시작하는 것만으로도 충분하다.

    3대 200 못 들어도 괜찮다. 중요한 건 오늘도 시작하는 용기다.

잘 달리지 못해도 괜찮아

"달리고, 몰입하고, 행복하라!"

– 미하이 칙센트미하이

 내가 경험했던 운동들 중에서 운동의 효율적인 면을 따져보면 홈 트레이닝, 걷기, 달리기가 최고였다. 장소에 구애받지 않고 언제든지 할 수 있기 때문이다. 얼마 전 대한민국 성인들이 하루 평균 5,000보도 걷지 않는다는 이야기를 들은 적이 있다. 나 역시 직장인의 한 사람으로서 의식적으로 하루에 만보는 움직이려고 노력하고 있다. 그 중에서도 달리기를 선택한 이유는 단순하다. 러닝화만 있으면 되기 때문이다.

 일반적인 걷기와 달리 시간을 내서 달리는 것은 만만치 않다. 매 순간이 나 자신과의 싸움이다. 러닝화를 신고 '오늘은 10km를 달리겠다.'고 다짐하며 출발하지만, 600m도 안 뛰었는데 벌써 '왜 종아리가 뻐근하지?' '방금 비 한 방울 맞은 것 같은데?'라며 그만둘 이유부터 찾곤 했다. 이런 순간이 오면 '오늘은 컨디션이 안 좋나 보다' 하며 포기하고 싶어진다. 실제로 달리기를 본격적으로 시작하고 2개월 정도까지는 중간에 포기하고 집에 돌아간 날들이 수없이 많았다.

이 순간을 꾹 참고 버티고 달리면 최소 3~5km는 뛸 수 있고, 운이 좋으면 10km 완주에 성공하기도 한다. 솔직히 말하면 10km를 완주하는 날보다 중간에 포기하는 날이 더 많았다. 특히 혼자 달릴 때는 더욱 그랬다. 아무도 보는 사람이 없으니 '오늘은 여기까지'라고 하며 집으로 향하는 발걸음이 얼마나 가벼운지 모른다. 목표한 거리는 뛰지 않았으나 어쨌든 이 시간에도 누군가는 누워있거나 술을 마시고 있을 텐데 '나는 조금이라도 뛰었다.'며 합리화했다. 자기합리화의 귀재다운 모습이었다.

얼마 전에는 아파트 축구 동호회 분들과 함께 5km를 뛰었다. 혼자 달릴 때와는 전혀 다른 경험이었다. 함께 달리며 근황, 육아 이야기를 나누는 동안 어느새 목표 지점에 도착해 있었다. 혼자서는 힘들어서 포기했을 거리를 대화하면서 자연스럽게 완주한 것이다. 혼자 달리는 것보다 함께 달리는 것이 힘이 되는 경험이었다.

현재 나의 달리기 실력은 마라톤 대회에 참가할 정도는 아니다. 그냥 동네에서 취미로 뛰는 수준이다. 반드시 마라톤 대회에 나가지 않아도 일단 달리면 '러너'라고 생각한다. 전문 러너들에 비하면 여전히 부족하지만, 목표 거리를 완주했다는 성취감과 운동 후의 꿀맛 같은 식사, 그리고 질 좋은 수면만으로도 충분하다.

달리기의 또 다른 매력은 달리면서 다양한 아이디어가 떠오르고 스스로 생각하는 시간을 가질 수 있다는 점이다. 이번 책 제목 '다 못해도 괜찮아'도 혼자서 달리다가 떠오른 것이다. 물론 좋은 아이디어가 떠오르는 날보다는 '빨리 거리를 채우자. 아직 멀었네. 오늘따라 워치가 GPS를 인식하지 못하는 건가?' '집에 가고 싶다!' 같은 생각이 드는 날이 아직은 더 많지만 말이다.

8월의 목표로 하루도 빠짐없이 1km라도 달려보기를 세웠는데, 나흘 만에 실패했다. 아들이 밤 10시가 되도록 잠이 들지 않아 내가 먼저 잠든 척을 하다가 나도 모르게 잠들어버렸기 때문이다. 이렇게 목표한 바를 이루지 못한 다음 날도 똑같은 상황이었는데 신기하게도 자다가 깼다. 눈을 떠보니 23시. 일기예보에서는 폭우가 내릴 예정이라고 했으나 다행히 달릴 수 없을 정도의 폭우는 아니었다. 그리고 9월에는 마침내 하루도 빠뜨리지 않고 30일 내내 10km를 달렸다.

이제는 비가 내려도 달린다. '어차피 비에 젖으나 땀에 젖으나 옷과 신발이 젖는 건 마찬가지'라는 생각으로, '어제 뛰지 못했으니 오늘은 반드시'라는 마음을 다잡고 급히 집을 나섰다. 일요일 밤 11시가 넘은 시각, 비까지 내리는 탓에 트랙엔 나 말고는 아무도 없었다. 잠이 덜 깬 채 서둘러 나오느라 이어폰도 챙기지 못했다. 4개월째 매일 같은 코스를 달리고 있어 1km 지점이 어디인지는 몸이 저절로 안다. 트랙은 온통 물웅덩이였지만, 집을 나설 때부터 이미 흠뻑 젖은 터라 개의치 않았다. 물을 가르며 달렸다. 주변엔 아무도 없었고, 어둠과 가로등 그리고 빗줄기만이 함께했다. 몸도 제대로 풀지 않은 상태였지만 기분은 오히려 좋았다. 혼자 중얼거렸다.

'오늘도 해냈다. 이제는 해낸다.'

이런 나를 보고 주변에서 종종 '에너자이저'라고 한다. "뭐 하러 굳이 그렇게까지 사는지?"라며 말이다. 사실 나는 에너자이저 보다는 하루 24시간 중 대부분은 허당의 모습이다. 달리기 실력도 변변치 않고, 기록도 대단하지 않다. 그냥 포기하지 않고 계속 하려고 할 뿐이다. 그래서 내가 할 수 있는 가정, 육아, 건강관리 분야에만 시간을 투자한다. 이러한 집중하는 모습이 뭐든 열심히 하는 모습으로 비치는 것 같다.

비공식 기록이긴 하지만 30대 들어서 처음으로 10km를 47분대에 기록했다. 13년 전인 2012년에는 20대의 패기로 오전에 축구를 하고, 오후에 10km 달리기 대회에 참가해서 47분대를 찍었었다. 지금 생각해보면 무모했고, 다치지 않았던 것이 다행이었다. 올해 4월부터 꾸준히 달린 덕분에 체력이 향상된 것 같다. 마침 어제는 아내가 사준 새 러닝화를 처음으로 신었다. '어? 뭔가 느낌이 조금 다른데? 평소보다 조금만 빠른 페이스로 뛰어볼까?'라는 마음으로 시작한 달리기가 평소보다 기록을 단축시킨 것이다.

닷새 뒤, 지난 47분대가 단순히 우연이었는지 확인하고자 다시 뛰었다. 늘 초반 10분까지는 느낌이 좋다가도 5km 지점부터 힘들어진다. '오늘은 5km만 뛰고 그만 뛰자'를 수십 번 외쳤지만, 닷새 전의 기록이 생각나서 끝까지 뛰었다. 결과는 46분 34초였다. 1분을 더 단축한 것이다. 10km를 달려본 사람들은 알 것이다. 1분, 1초의 의미를. 그 순간만 이겨내면 정말 달콤하다.

나는 매일 달리지도 않을 것이고, 빠르게 달리지도 않을 것이다. 내가 달릴 수 있는 만큼만 달릴 것이다. 포기하고 싶을 때도 많고, 실제로 포기하는 날도 많았다. 하지만 완전히 그만두지는 않을 것이다. 잘 달리지 못해도 괜찮다. 중요한 건 다시 시작하는 용기다.

저자 추천

'목표 달성을 위한 두 권의 추천도서'

달리기 기록을 향상시키는 데 필요한 것은 단순히 더 많이 뛰는 것만이 아니다. 진정한 향상은 몸의 몰입과 마음의 신호 차단이 만날 때 일어난다. 비단 달리기 기록 향상에만 적용될까? 이루고자 하는 모든 목표 달성을 위해 아래 2권의 도서를 추천한다.

1. 『달리기, 몰입의 즐거움』 - 플로우 상태 진입법

미하이 칙센트미하이의 이 책은 달리기에서 '플로우Flow' 상태에 진입하는 법을 알려준다. 시간 감각이 사라지고 몸과 마음이 하나가 되는 상태에서 자연스럽게 페이스가 향상된다. 핵심은 현재 순간에 완전히 집중하는 것이다.

2. 『하버드 상위 1퍼센트의 비밀』 - 제한적 사고 차단

정주영 작가의 "Block × Deep = 성과" 공식이 달리기에도 그대로 적용된다. 부정적 신호와 제한적 사고를 차단Block하고, 달리기 그 자체에만 깊이 몰입Deep할 때 돌파가 일어난다. 달리기 뿐 아니라 현재 처한 환경의 신호를 차단하고 목표에 온전히 집중한다면 변화가 일어난다.

접영 못해도 괜찮아

 한 달째 문화체육센터에서 수영을 배우고 있다. 중급반을 선택했는데, 중급반은 주로 평영을 익히는 단계다. 9년 전에도 기초반부터 상급반까지 4개월간 차근차근 올라간 적이 있었다. 하지만 상급반에서 접영 웨이브에 막히고 말았다. 도무지 리듬을 찾지 못한 채 자연스레 포기했고, '나는 수영에 재능이 없나 보다.'라고 판단한 뒤 아예 수영을 그만뒀다. 이번엔 다를 거라 생각했지만, 여전히 쉽지 않다. 자유형을 할 때면 호흡이 문제다. 숨을 쉬려고 고개를 들면 몸이 가라앉고 물을 마시기 일쑤다. 배영은 더 어렵다. 강사님이 "몸에 힘을 빼고, 편하게 물 위에 떠있으라"고 하는데 도통 몸에 힘을 빼는 방법을 모르겠다. 힘이 들어가니 자꾸 가라앉는다. 억지로 25m를 헤엄쳐 가기 바쁘다. 그나마 군대에서 배워놓은 평영 덕분에 강사님이 상급반으로 가도 좋다고 하여 다음 달 상급반에 신청했지만, 과연 내가 버틸 수 있을까 걱정이다.

예전 같았으면 자유 수영 시간에도 자신 있는 평영만 계속 했을 텐데, 이제는 서툰 자유형과 배영도 연습하려고 한다. 물을 먹어가며 연습하다 보면 금세 지쳐서 수영장 가장자리에 매달려 있는 시간이 더 많다. 다른 수강생들은 자연스럽게 영법을 바꿔가며 수영하는데, 나는 겨우 25미터 가는 것도 힘들다.

배영을 하면 수영장 천장이 보인다. 그 짧은 순간에 별 생각을 다 한다. '9년 전에 제대로 배워둘걸.' '25미터가 이렇게 멀었나?' 가끔은 중간에 포기하고 싶어서 몸을 세우고 물에 서서 쉬기도 한다. 쉰다는 표현보다는 코와 입으로 물이 넘치게 들어와 콜록 기침을 한 것이다. 매번 다른 회원들에게 눈치가 보인다.

요즘 문화체육센터는 강습 등록부터가 치열하다. 5~6월 첫 2개월 등록에 성공했을 때 얼마나 기뻤는지 모른다. 7~8월 상급반 2개월도 운이 좋게 겨우 당첨되었다.

이렇게 어렵게 얻은 기회인데 예전처럼 접영에서 또 포기하면 어떡하나 싶다. 올해 안에 네 가지 영법 모두를 자유자재로 하겠다고 목표를 세웠지만, 솔직히 접영 리듬 찾기가 어렵다.

혼자 자유 수영을 하면서 물속에서마저 '나는 진짜 뭐 하나 제대로 잘하는 게 없구나.'라는 생각을 자주 한다. 동시에 이런 생각도 든다. '뭐 하나에 특출나게 잘하는 게 없으니까 이것저것 도전해볼 수 있지 않을까.' 물론 도전한다고 해서 다 잘하게 되는 건 아니다. 대부분 서툴고 부족하다. 그래도 전혀 안 하는 것보다는 낫다고 생각한다. 혼자 달리기에 이어 자유 수영도 사색하기 좋은 운동이라는 것을 깨달았다.

다른 사람과 비교하면 한참 부족하지만, 어제의 나와 비교하면 조금씩은 나아지고 있다. 서른 후반이라는 나이에 새로운 도전을 시작하는 게 늦었나 싶기도 하지만, 시작하지 않으면 마흔 살이 되어서도 쉰 살이 되어서도 똑같이 못하는 상태로 남아있을 것이다. 지인들과 여름 물놀이나 수영에 관해 이야기를 나누다보면 이런 말을 자주 듣는다.

"난 어렸을 때 계곡에서 물놀이하다가 죽을 뻔한 경험이 있어서 물이 무서워. 바닥에 발이 닿아도 무서워서 못 해."

나도 마찬가지였다. 초등학생 때 계곡에서 발을 헛디뎌 허우적거리다가 겨우 돌을 밟고 올라온 기억이 있다. 한동안 물을 무서워하다가 군대에서 전투수영을 하면서 물에 대한 공포를 어느 정도 이겨냈다.

지금도 물속에서 균형을 잃고 당황할 때가 있다. 그럴 때면 어린 시절 계곡에서의 기억이 떠오르며 순간 무서워진다. 하지만 수영장은 계곡과 다르다. 안전하고, 강사님도 계시고, 언제든 가장자리로 갈 수 있다. 이렇게 스스로를 달래며 다시 연습한다. 뭐든 처음이 어렵다는 생각으로 버텨보려고 한다. 일단 시작하고 꾸준히 하다 보면 조금씩이라도 나아지지 않을까. 서른 후반이지만 아직도 해보고 싶은 것들이 많다. 지금부터라도 하나씩 도전해보고 싶고, 실제로 도전을 하고 있다.

문득 이런 생각이 들었다. '못하는 것'과 '안 하는 것'의 차이에 대해서. 무언가를 못한다는 것은 일단 해보려고 시도한 것이고, 도전을 했다는 뜻이다. 안 하는 것은 내가 그것에 대해 잘하는지 못하는지조차 가늠할 수 없다. 지금 나는 수영을 못한다. 정확히 말하면, 접영을 못한다. 하지만 적어도 수영장에는 가고 있고, 물속에 들어가서 연습은 하고 있다.

그것만으로도 의미가 있다고 생각한다. 완벽하지 않아도, 서툴러도, 다른 사람들보다 느려도 상관없다. 내가 할 수 있는 만큼 하는 것이 중요하다. 접영을 못한다고 해서 수영 자체를 포기할 필요는 없다. 평영은 자신 있고, 자유형이라도 실력이 조금씩 향상되면 되는 거 아닌가.

완벽함을 추구하다 보면 아무것도 시작할 수 없게 된다. 나는 이미 충분히 늦게 시작한 사람이다. 더 늦기 전에, 더 겁먹기 전에 일단 시작하는 게 중요하다. 오늘도 수영장에 간다. 접영은 여전히 못하지만, 물속에 들어가서 연습은 해볼 것이다. 물을 먹더라도, 가라앉더라도, 다른 사람들 눈치를 보더라도 일단 해보자. 접영 못해도 괜찮다. 중요한 건 포기하지 않는 것이다.

못하는 것과 안 하는 것 사이에는 분명한 차이가 있다. 나는 앞으로도 못할지언정 하고 있는 사람이고 싶다.

저자 추천

'실패해도 도전을 위한 두 권의 추천도서'

1. 『리더의 용기』 - 브레네 브라운

'취약성을 인정하는 용기'에 대한 깊이 있는 연구서이다. "대담함은 '실패를 기꺼이 각오할 것'이라는 뜻이 아니며, '결국 실패할 수도 있지만, 그래도 전력을 다할 것'이라고 말하는 것이다."

2. 『마인드셋』- 캐럴 드웩

스탠포드 대학교 심리학 교수인 캐럴 드웩이 30년간 연구한 '성장 마인드셋'의 핵심을 담은 책이다. '지금은 못해도 노력하면 늘 수 있다'는 믿음, '실패는 배움의 기회'라는 관점이 얼마나 중요한지를 과학적으로 증명한 책이다. "아직(yet) 할 수 없다는 것과 절대 할 수 없다는 것 사이에는 엄청난 차이가 있다."

먹기 위해 움직여도 괜찮아

지난주 아내와 3일 연속으로 러닝과 스트레칭을 함께 했다. 3일 연속이라니, 우리에게는 역사적인 순간이었다. 평소 각자 바쁜 일상을 보내며 함께 운동한다는 것이 쉽지 않았는데, 이번에는 정말 신기하게도 스케줄이 맞아떨어졌다.

아내는 내가 먹는 것을 좋아하고, 쉬지 않고 먹는 모습을 매일 본다. "와, 그게 더 들어가?", "아직 배가 안 불러?", "진짜 잘 먹는다."라는 말을 자주 한다. 처음에는 이런 말들이 부담스럽기도 했는데, 이제는 그냥 내 특징 중 하나로 받아들이고 있다. 최근에는 러닝에 빠진 나에게 진심으로 한마디 했다.

"달리기 위해 먹는 거야? 먹기 위해 달리는 거야? 달리기 위해 먹는 것치곤 많이 먹는 것 같은데?" 순간 '닭이 먼저야? 알이 먼저야?'라는 질문을 받은 것 같았다. 나는 유튜브에서 본 지식을 동원해 변명했다. "달리기 2~3시간 전에 탄수화물을 섭취해서 몸에 에너지를 비축해 두려면 잘 먹어둬야 하는 거 같아."

"그거랑 상관없이 그냥 맨날 잘 먹는 것 같은데?"

반박할 여지가 없었다. 솔직히 맞는 말이었다. 최근 아내가 의아해했던 것 중에서 내가 6일 연속 햄버거를 먹는 것도 '건강하게 잘 먹는 것'에 포함되는 지였다. 정확히 지난주 일요일부터 금요일까지 6일 동안 점심 저녁 할 것 없이 햄버거를 총 10개를 먹었다. 한 끼에 2개씩 먹은 날도 있었다. 중요한 것은 햄버거만 먹은 게 아니라는 점이다. 평소처럼 고기 위주의 식단을 꾸준히 유지하면서 중간 중간 햄버거를 추가한 것이다.

그 주에 새로 생긴 햄버거 가게를 발견했는데, 호기심

이 생겨서 매일 다른 메뉴를 시도해본 것이 화근이었다. 한번 먹어보니 맛있어서, 다음 날도 가게 되고, 어느새 6일 연속이 되어버렸다. 햄버거가 칼로리가 높다고 하는데, 칼로리 좀 높으면 어떤가. 맛있으면 그만이고, 맛있게 먹고 그만큼 더 움직이면 된다.

아내는 "뭐 하러 그렇게 먹고 이 더운 날씨에 많이 움직여?"며 "차라리 덜 먹고 덜 움직이겠다."고 한다. 효율성을 따지면 아내 말이 맞다. 하지만 운동을 안 하는 것은 개인의 몫이다. 일단 해보고 아니다 싶으면 관두면 된다. 아직까진 '이 방법이 나에게 맞다.' 싶어서 꾸준히 먹고 싶은 음식을 먹으면서 운동을 하고 큰 변화 없이 유지하고 있다.

평생을 이렇게 마음껏 먹고 운동을 해왔다. 어릴 때부터 식욕이 왕성했고, 자연스럽게 활동량도 많았다. 운이 좋게도 아직까진 아픈 곳 없이 육체적으로 정신적으로 모두 건강하다. 물론 이 상태가 언제까지 지속될지는 모르겠다. 나이가 들수록 몸이 예전 같지 않다는 얘기를 주변에서 자주 듣는다. 신진대사도 느려지고, 회복력도 떨어진다고 한다.

하지만 지금 당장은 괜찮으니까 지금 방식을 유지해보려고 한다. 언젠가는 바꿔야 할 때가 올 수도 있겠지만, 그때 가서 걱정해도 늦지 않을 것 같다. 먹을 만큼 먹었으니 이제 움직여야 한다.

모든 운동이 마찬가지지만 일단 집에서 나가는 게 가장 큰 관문이다. 특히 혼자 운동할 때는 더욱 그렇다. 운동장에 도착해서 몸을 풀고, 운동을 하면서 땀을 빼면 그만큼 좋을 수가 없다. 특히 혼자 있는 시간, 아무 생각 없이 달리는 시간이 주는 해방감은 다른 무엇과도 바꿀 수 없다. 일상의 스트레스와 복잡한 생각들이 발걸음과 함께 사라지는 느낌이다.

매번 10킬로미터를 뛰어야지 하면서도 혼자 뛰다 보면 나약해져서 5킬로미터만 채우고 귀가하기 일쑤였다. 처음에는 의지력 문제라고 생각했는데, 결국 방법의 문제였다. 요즘은 사소한 전략을 쓴다. '옷과 신발이 이미 땀범벅이 되었는데 겨우 5킬로미터 뛰고 들어갈 것인가'라고 스스로에게 다짐하며 집과 반대방향으로 뛴다. 최대한 반대방향으로 가야 한다. 어떻게든 되돌아와야 하기에 나 스스로 나름의 전쟁을 치르는 것이다. 이런 식으로라도 목표 거리를 채우려고 노력한다. 완벽하지 않아도, 때로는 꾀를 써서라도 지속하는 게 중요하다고 생각한다.

운동도 결국은 습관이고, 습관을 만들기 위해서는 어떤 방법이든 써야 한다. 사실 건강한 식단이 무엇인지, 올바른 운동법이 무엇인지에 대해서는 정확하게 모른다. 전문가들마다 말하는 것도 다르고, 인터넷에 떠도는 정보들도 제각각이다. 어떤 사람은 탄수화물을 끊으라고 하고, 어떤 사람은 단백질을 늘리라고 한다. 운동도 마찬가지다. 고강도 인터벌 트레이닝이 좋다는 사람도 있고, 꾸준한 유산소 운동이 최고라는 사람도 있다.

그래서 나는 단순하게 생각하기로 했다. 즐겁게 먹고, 맛있게 움직이자. 스트레스 받으면서 억지로 건강한 음식만 먹는 것보다는 맛있게 먹고 그만큼 더 움직이는 게 낫지 않을까. 마이클 폴런은 『마이클 폴란의 행복한 밥상』에서 "음식을 먹되, 너무 많이는 말고, 대부분 식물을 먹어라"라는 간단한 원칙을 제시했다. 물론 현재 나의 생각이 틀릴 수도 있다. 언젠가는 나의 이 방식의 한계가 올 수도 있을 것이다. 하지만 지금은 이 방식이 나에게 맞는 것 같다. 중요한 건 지속할 수 있는 방식을 찾는 것이라고 생각한다.

주변 사람들을 보면 다이어트를 위해 극단적인 식단 조절을 하는 경우가 많다. 며칠은 잘 버티다가 결국 폭식하고 자괴감에 빠지는 악순환을 반복한다. 운동도 마찬가지다. 처음에는 의욕이 넘쳐서 매일 헬스장에 가겠다고 다짐하지만, 일주일도 채 안 되어 포기하는 경우를 많이 봤다. 뭐든 오버페이스는 금물이다. 차라리 하지 않는 게 나은 선택일 수도 있다. 이런 모습을 보면서 느낀 것은 지나치게 완벽을 추구하면 오히려 지속하기 어렵다는 점이다. 차라리 조금 느슨하더라도 꾸준히 할 수 있는 방법을 찾는 게 낫다고 생각한다.

아내와 함께 운동했던 그 3일을 되돌아보면, 서로 다른 동기로 운동을 하지만 결과적으로는 같은 목표를 향해 가고 있다는 생각이 든다. 아내는 건강을 위해, 나는 먹기 위해 움직이지만, 둘 다 움직이고 있으니까 결국은 같은 거 아닌가. 동기가 무엇이든 중요하지 않다. 움직이는 것 자체가 중요하다. 바로 그날 아내가 "오늘 운동하니까 기분이 좋다."고 말했을 때, 나도 똑같은 생각을 하고 있었다. 비록 우리가 운동을 시작한 이유는 달랐지만, 운동 후의 만족감은 같았다.

생각해보니 먹는 것과 운동하는 것 사이의 균형을 찾는 게 중요한 것 같다. 너무 한쪽으로 치우치면 문제가 생긴다. 먹기만 하고 움직이지 않으면 당연히 문제가 되고, 반대로 운동만 하고 제대로 먹지 않아도 몸에 무리가 간다. 지금 내 방식이 완벽하다고 생각하지는 않는다. 하지만 적어도 균형은 맞추려고 노력하고 있다. 많이 먹으면 많이 움직이고, 덜 움직인 날에는 조금이라도 덜 먹으려고 한다. 물론 실천이 쉽지는 않지만 말이다.

주변에서 "그렇게 먹으면서 운동해봐야 소용없다."는 말을 들을 때도 있다. 하지만 나는 그렇게 생각하지 않는다. 운동을 하지 않았다면 지금보다 훨씬 더 많이 먹었을 것이고, 몸 상태도 지금보다 나빴을 것이다. 완벽하지 않더라도 조금이라도 하는 것과 아예 안 하는 것 사이에는 분명한 차이가 있다. 아직까지는 달리기 위해 먹는다기보다는 먹기 위해 달리는 쪽에 가깝다고 할 수 있겠다. 그래도 괜찮다. 동기가 무엇이든 움직이고 있으니까.

먹기 위해 움직여도 괜찮다. 즐겁게 먹고, 신나게 움직이자. 완벽하지 않아도, 전문적이지 않아도, 내 방식대로 꾸준히 하는 것이 가장 중요하다. 언젠가는 이 방식도 바뀔 수 있겠지만, 지금은 이렇게 하는 게 나에게 맞다.

알람과 씨름해도 괜찮아

어렸을 때부터 아침잠이 많아서 학교 등교 전 엄마에게 짜증을 냈던 적이 많았다. "7시에 깨워달라니까 왜 8시에 깨웠어"라며 아침밥도 먹지 않고 고양이 세수만 대충 하고(지금도 종종 대충 한다.) 심지어 엄마에게 '다녀오겠습니다.'라고 인사도 하지 않고 집을 나섰다. 문은 또 왜 그렇게 세게 '쾅' 닫았는지.(지금은 안 그런다. 큰일 난다.) 본인이 밤새 친구들과 스타크래프트 게임하다가 늦게 자놓고는 아침에 일어나지 못한 것을 괜스레 엄마에게만 짜증을 냈다.

지금 생각해보면 정말 철없고 죄송한 일이었다. 엄마

는 나를 깨우려고 몇 번이나 방에 들어오셨을 텐데, 나는 그런 수고로움은 생각하지도 못한 채 늦게 일어난 짜증을 엄마에게 풀었던 것이다. 당시에는 몰랐지만, 엄마도 새벽부터 아침밥을 준비하고 아빠 출근 준비를 도와드리느라 바쁘셨을 것이다. 그런 와중에 늦잠꾸러기 아들 때문에 스트레스까지 받으셨으니 얼마나 힘드셨을까.

그렇게 긴 학창 시절을 엄마와 아침마다 씨름하며 마무리했다. 고등학교 3학년 때는 수능을 앞두고 아침 일찍 학교에 가야 하는 날들이 많았는데, 그때도 마찬가지였다. 엄마가 6시 반에 깨워주면 "아직 시간 있다."며 다시 이불을 뒤집어쓰고 잠들었다가, 7시에 다시 깨워주면 "이제 늦었다."며 짜증을 냈다. 정말 아무리 생각해봐도 모순적인 아들이었다.

20대 초반 군 입대를 앞두고 집에서 가장 걱정하는 것이 힘든 훈련도 아니고, 선후임과의 관계도 아니었다. 바로 '알람' 문제였다. 6시에 제때 기상은 하는지, 새벽 근무 때 전 근무자가 깨운다고는 하지만 선임이 발만 툭 치고 간다는데 바로 일어날 수 있을지에 대한 걱정이었다. 부모님도 나만큼이나 걱정이 많으셨을 것이다.

하지만 그 모든 것은 괜한 걱정이었다. 신기하게도 6시 기상나팔 소리와 함께 기상하는 것이 아닌 '아차' 싶은 느낌으로 번쩍 잠에서 깨고, 바로 시계를 확인하면 늘 5시 53분경이었다. 한껏 여유도 부렸다. 조금 더 지나서는 안도한 채 5분을 더 잤다. 사람의 몸이 참 신기하다는 생각이 들었다. 환경이 바뀌면 적응하려고 노력하는 건지, 아니면 정말 긴장해서 그런 건지 모르겠지만 집에서는 절대 불가능했던 일이 군대에서는 자연스럽게 일어났다.

물론 군대 생활 내내 그랬던 것은 아니다. 가끔씩은 새벽 근무에서 늦게 들어와 깊게 잠들었다가 기상나팔에 겨우 일어나는 날도 있었다. 주말에는 다시 늦잠쟁이로 돌아가기도 했다. 하지만 평일만큼은 신기할 정도로 몸이 알아서 깨어났다. 이제는 늦잠 걱정은 하지 않아도 되겠다는 생각이 들었다.

그런데 제대 후 다시 일상으로 돌아오니 예전의 늦잠쟁이가 되어있었다. 대학교 1교시 수업은 거의 포기 상태였고, 알람을 다섯 개씩 맞춰놓고도 모두 무시하고 다시 잠들곤 했다. 친구들은 "너 정말 신기하다. 어떻게 그 많고 많은 시끄러운 알람 소리를 못 듣지?"라며 놀라워했다. 나도 궁금했다. 군대에서는 알람 없이도 즉각적으로 잘 일어났기 때문이다. 분명히 제일 크게 설정해 놓은 알람 소리를 어떻게 못 듣는지 말이다.

결혼을 하고 나서도 크게 달라지지 않았다. 아내는 나보다 훨씬 부지런한 사람이라 아침 일찍 일어나서 아침식사 준비를 해주곤 했다. 고마우면서도 미안했다. 어린 시절 엄마에게 했던 것처럼, 이제는 아내에게 미안함을 느끼고 있었다. '나도 일찍 일어나서 도와줬어야 하는데'라는 생각은 항상 있었지만, 행동은 쉽지 않았다.

지금이야 알람쯤 듣지 못해도 어차피 아침부터 아들과 딸이 책을 읽어달라며 격하게 깨운다. 아이들이 내 품에 쏙 들어오며 "아빠 책 읽어줘"라고 다정하게 말로 깨웠을 때 내가 일어나지 않으면, 배 위로 점프를 해서 엄청난 고통을 안겨준다. 고통도 잠시, 이러한 순간들도 '지금 아니면 금방 지나가겠지' 하는 아쉬움으로 함께 책을 읽으며 아침을 맞이한다. 아이들이 깨워주는 아침이 이렇게 소중할 줄 몰랐다. 예전에는 엄마가 나를 깨우면 짜증부터 냈는데, 이제는 아이들의 따뜻한 체온과 함께 하루를 시작할 수 있다는 것이 감사하다. 아이들은 순수하다.

그냥 아빠와 함께 있고 싶어서, 아빠가 책을 읽어주길 바라는 마음에 깨우는 것이다. 거기에는 어떤 조건도 없고, 어떤 계산도 없다. 그저 사랑하는 마음뿐이다.

브레네 브라운은 『불완전함의 선물』에서 완벽주의에서 벗어나기 위해 자기동정(자기연민)을 계발할 것을 강조했다. 한편, 미국 심리학자 크리스틴 네프는 자기연민을 자기친절, 공통 인간성, 마음챙김 세 주요 요소로 구성된다고 정의하며, 자기비난으로 자신을 해치는 것보다는 자기에게 따뜻하게 대하는 것을 포함한다고 설명했다. 자기비판은 두려움에 기반을 한 동기부여이고, 자기연민은 사랑에 기반을 한 동기부여이다. 예전에는 알람을 다섯 개씩 맞춰놓고도 듣지 못해 기상과 동시에 스스로 머리를 때리며 자책을 했었던 적이 수없이 많았다. 참으로 어리석었다. 어차피 알람을 듣지 못했고, 조금 늦게 일어난 것뿐인데 그때는 왜 그렇게 스스로에게 엄격하고 채찍질을 가했는지 모르겠다.

지금 돌이켜보면 그런 자책은 아무런 도움이 되지 않았다. 오히려 스스로에 대한 신뢰만 떨어뜨렸을 뿐이다. "나는 의지가 약한 사람이야", "나는 게으른 사람이야"라는 식으로 스스로를 규정해버렸다. 나부터 나를 존중하고 사랑해야 한다는 것을 이제야 알게 되었다. 스스로에게 엄격한 죄책감을 가질 필요가 없다. 알람을 듣지 못하고 잠을 조금 더 잔다고 해서 엄청나게 큰일이 일어나지 않는다. 물론 약속 시간에 늦은 것은 상대방에게 미안하고 사과할 일이지만, 그렇다고 해서 나 자신을 미워하고 자책할 필요까지는 없는 것이다.

상대방에게 진심으로 사과하고 다음에는 조금 더 주의하면 된다. 실수는 누구나 하는 것이고, 완벽한 사람은 없다. 중요한 것은 실수를 통해 배우고 성장하는 것이지, 실수 때문에 자신을 괴롭히는 것이 아니다. 완벽하지 않아도 괜찮다. 알람과 30년을 싸워온 나도 이제는 아이들의 사랑스러운 기상송으로 하루를 시작하고 있으니까. 알람과 씨름해도 괜찮다. 조금 늦어도 괜찮다. 중요한 건 스스로를 사랑하는 마음이다. 그리고 나를 깨워주는 사람들에게 감사한 마음을 갖는 것이다.

문득 이런 생각이 든다. 완벽한 아침은 없어도 의미 있는 아침은 있다는 것을.

사실 나는 아직까지도 알람과 씨름을 하고 있다. 월 1회 '우리클'이라는 독서 모임을 하고 있는데 매주 셋째 주 토요일 06:00에 시작한다. 06:00에 독서 모임을 시작하려면 적어도 10분 전에는 준비를 해야 한다. 이처럼 중요한 일정이 있을 때에는 나만의 방법이 있다. 05:20부터 1분 간격으로 알람을 맞춰 놓는다. 05:21, 05:22, 05:23… 내 경험상 05:30 전에는 일어나서 알람을 끈다. 그런데 만약 전날 밤에 격한 풋살이나 러닝을 했을 경우에는 알람을 끄고 거실에서 다시 잠들 때도 있는데 이럴 때에도 05:40, 05:41, 05:42… 계속해서 1분 간격으로 맞춰 놓는다. 알람을 잘 듣는 일반 사람들은 이해하지 못할 알람 간격이겠지만 나에게는 중요한 문제이다. 일단 지금까지 1분 간격으로 알람을 맞춰놓은 이후로는 중요한 일정에 늦은 적은 없었다.

주말에 일찍 일어나야 하는 경우로 독서 모임 외에 조기축구가 가끔씩 있는데 조기축구 알람은 1분 간격으로 맞춰놓은 적은 없다. 5~10분 간격으로 여유 있게 알람을 맞춰 놓아도 늦지 않게 일어난다. 일단 전날 격한 운동을 하지 않기 때문에 숙면을 취해 편안한 상태로 일어나기 때문이라고 혼자 생각하고 있다.

말 좀 못해도 괜찮아

 나는 상대방과 대화할 때 주로 듣는 편이다. 전문적인 화술이 있는 건 아니지만, 어릴 때부터 말하기보다는 듣기를 선호했다. 아마 할 말 자체가 많지 않았기 때문일 것이다. 말하는 능력도 부족하다. 어려서부터 독서를 소홀히 했고, 사람들과 적극적으로 소통하지 않았던 탓이라고 생각한다. 그래서 말을 잘하는 사람들을 보면 부러울 때가 많다.

 어린 시절을 돌아보면 친구들과 어울릴 때도 주로 청취자 역할이었다. 다른 아이들이 신나게 떠들면 나는 곁에서 고개를 끄덕이며 들어주기만 했다. 그때는 그게 당연했는데, 지금 돌이켜보니 발언에 대한 두려움이나 자신감 부족이 있었던 듯하다.

말을 잘한다는 기준은 사람마다 다르겠지만, 내게는 독서 모임이나 회의에서 질문에 단답형이 아닌 자신의 견해를 체계적으로 펼치는 사람들이 인상적이다. 버튼만 누르면 자동으로 음성이 나오듯 준비된 답변을 유창하게 말하는 모습을 보면 참 놀랍다. 나는 전날 미리 메모해두거나 생각해두지 않으면 "네", "아니요" 정도만 겨우 내뱉는다.

가끔은 나도 그런 '화려한 화자'가 되어보고 싶다는 마음이 든다. 특히 직장에서 회의할 때면 더욱 그렇다. 동료들은 자신의 생각을 논리정연하게 정리해서 발표하는데, 나는 머릿속으론 여러 아이디어가 있으면서도 밖으로 표현하기가 어렵다. '화려한 화자'가 되겠다고 다짐한 뒤부터 말 한마디 한마디를 주의 깊게 듣고 소중히 여기는 습관이 생겼다.

하루에도 몇 번씩 언어가 주는 힘을 체감한다. 아침에 아이들 등교, 등원 후 엘리베이터에 탔다. 청소하시는 분께서 "아이고, 딱 30초만 기다려주세요"라고 하셨다. 나는 다시 내려서 열림 버튼을 누른 채 기다렸다. 70대로 보이는 이분은 늘 포근한 인사를 건네주시던 분이었다. 오늘도 나오시면서 "아이고, 오늘 저 덕분에 깨끗한 첫차 타신 거예요. 기다려주셔서 고맙습니다."라고 말씀하시는데, 그 한마디가 하루를 상쾌하게 열어주었다. 평소에도 "오늘도 즐거운 하루 보내세요.", "오늘도 많이 웃으시길 바라요." 같은 말씀을 하시는데, 어떻게 저런 예쁜 표현들이 자연스럽게 나올 수 있을까 신기했다. 아마 오랜 세월 많은 이들을 만나시면서 익히신 것 같다. 나도 언젠가는 저분처럼 자연스럽게 상대를 기분 좋게 만드는 다정한 말을 하겠노라 다짐하였다.

아침부터 깨끗한 첫차를 타서 기분이 좋은 상태로 문화체육센터에서 수영 강습을 받을 때도 비슷한 경험을 했다. 다른 수강생이 "자유형 호흡하다가 물을 많이 마셨어요."라고 하니, 강사님이 "어, 수영장 물 많이 드시면 안 돼요. 물값 추가로 내셔야죠."라고 농담을 던지셨다. 강습생들 모두가 힘겨워하던 순간이었는데, 그 한마디로 모두 웃으며 분위기가 한결 부드러워졌다. 정말 타이밍이 절묘했다.

하지만 곧바로 언어가 주는 상처도 경험했다. 수영 연습 중 실수로 옆 레인 어르신의 어깨 부위를 발로 건드렸다. 즉시 멈춘 뒤 정중하게 사과를 드렸지만 어르신은 "내가 관절이 좋지 않은데 이렇게 부딪히면 곤란하지. 너무 아프네."라고 하셨다. 그 말을 듣고 정말 죄송했고 동시에 움츠러들었다. 물론 내가 찬 것이니 어르신이 언짢아하실 만했다. 나는 풀이 죽은 채 거듭 사과를 드렸다.

바로 그때 우리 반 다른 수강생이 내게 "괜찮아요. 연습하다 보면 서로 부딪힐 수도 있는 거죠. 너무 신경 쓰지 마세요. 저도 하루에 여러 번 옆 레인과 충돌해요. 일부러 그런 것도 아니잖아요."라고 말해주었다. 그 순간 정말 고마웠다. 같은 상황이지만 어떤 말을 하느냐에 따라 사람의 기분이 이토록 달라질 수 있구나 싶었다.

미국의 인권운동가이자 작가인 마야 안젤루는 "사람들은 당신이 한 말이나 행동은 잊을 수 있지만, 당신이 그들에게 느끼게 해준 감정은 절대 잊지 않는다."고 했다. 그분은 그 후로도 수영장에서 만날 때마다 나를 격려해주신다. "오늘 자세가 많이 좋아졌네요.", "열심히 하시는 모습이 보기 좋아요." 짧고 단순한 말들이지만, 그 한

마디 한마디가 내게는 큰 힘이 된다.

이런 일들을 겪으면서 언어의 중요성을 새삼 깨닫는다. 청소하시는 분의 따뜻한 인사는 하루를 밝게 만들었고, 수영 강사의 유머는 힘든 순간을 웃음으로 바꿔주었다. 반면 날카로운 말은 마음에 상처를 주기도 하지만, 따뜻한 위로는 그 상처를 치유해주기도 한다.

집에서도 비슷한 경험을 매일 한다. 아이들에게 무작정 "안 돼"라고 말할 때와 "이렇게 해보면 어떨까?"라고 제안할 때, 아이들의 반응이 완전히 다르다. 아내와 대화할 때도 마찬가지다. 같은 내용이라도 어떻게 표현하느냐에 따라 받아들이는 느낌이 달라진다. 나는 아직도 말을 잘하지 못한다. 독서 모임에서도 발표할 때면 떨리고, 직장에서 회의할 때도 준비한 말조차 제대로 전달하지 못할 때가 많다. 온라인 모임에서도 자기소개나 내 이름이 불리면 화면을 꺼버리고 싶을 정도다. 그래서 말을 잘하는 사람들이 더욱 부러워 보인다. 특히 즉석에서 재치 있는 말을 하거나, 복잡한 내용을 쉽게 설명하는 사람들을 보면 정말 대단하다고 생각한다.

하지만 요즘 겪은 일들을 돌이켜보면, 말을 잘한다는

것이 꼭 유창함만을 의미하는 건 아닌 것 같다. 상대방의 마음을 헤아리고, 상황에 맞는 적절한 말을 하는 것이 더 중요한 듯하다. 청소하시는 분은 화술이 뛰어나신 건 아니지만, 진심이 담긴 따뜻한 말씀을 하신다. 나를 위로해주신 수영장 수강생 분도 그 순간 내가 필요로 하는 말을 해주었다.

결국 말을 잘하는 것보다는 마음을 잘 전달하는 것이 더 중요한 게 아닐까 싶다. 나 역시 유창하게 말하지는 못하지만, 상대방을 배려하는 마음만은 잊지 않으려 노력한다. 누군가 힘들어할 때 "괜찮다."는 말 한마디, 고마울 때 "감사합니다."라는 말 한마디라도 진심을 담아서 하려고 한다. 앞으로 말을 좀 더 예쁘게 잘하고 싶다. 청소하시는 분처럼 상대를 기분 좋게 만드는 인사를 할 수 있으면 좋겠고, 수영 강사처럼 분위기를 전환할 수 있는 유머 감각도 갖고 싶다. 그리고 오늘 나를 위로해준 분처럼 누군가가 힘들어할 때 따뜻한 말 한마디 건넬 수 있는 사람이 되고 싶다.

말 좀 못해도 괜찮다. 하지만 마음을 전하는 법은 계속 배워가고 싶다. 완벽하지 않아도, 서툴러도, 진심이 담긴 한마디면 충분하다.

저자 추천

'상대방을 배려하기 위한 두 권의 추천도서'

1. 『나를 살게 하는 것들』 - 김창옥

이 책은 20여 년간 최고의 소통전문 강사로 활동하며 몸과 마음이 지쳐 감을 느낀 김창옥이 삶의 리셋을 시도하며 고향 제주와 도시를 오가는 삶을 살면서 얻은 깨달음을 담은 자기성찰서다. "내가 지킨 것이 나를 지켜줄 것"이라는 철학 아래, 완벽하기를 기다리지 말고 지금 당장 자신을 위한 삶을 시작하라고 조언한다. 하루살이처럼 살지 않고, 매일 행복할 순 없더라도 때때로 진정 행복한, 그 누구의 삶도 아닌 내 삶을 살 것을 권한다.

2. 『비폭력 대화』 - 마셜 로젠버그

우리는 의도하지 않게 말로 상대방에게 상처를 주기도 한다. 이 책은 갈등 상황에서도 서로를 이해하고 존중하며 소통하는 방법을 알려준다. 특히 사과할 때, 위로할 때, 감사를 표현할 때 어떻게 말해야 하는지에 대한 구체적인 가이드를 제시한다. 말을 '예쁘게' 하고 싶은 마음이 있다면 꼭 읽어봐야 할 책이다.
우리가 의식적이든 무의식적이든 일상적으로 사용하는 폭력적인 대화를 극복하는 방법을 제시. 한 인간이 한 인간을 판단하고 평가하는 것 자체가 폭력이며, 자기 스스로에 가하는 판단 또한 폭력이라고 주장한다.

운동 작심삼일해도 괜찮아

 1월 1일 날이 밝았다. 새해가 되면 어김없이 다짐한다. "올해는 정말로 운동을 꾸준히 해야지." 작년에도, 재작년에도 했던 똑같은 다짐이다. 1월 첫째 주에는 의욕이 넘쳐서 운동복을 사고, 운동화도 새로 장만한다. 유튜브에서 "초보자를 위한 홈트레이닝" 영상을 몇 개씩 찾아보며 "이번엔 다르다."고 스스로를 다독인다.

 첫날에는 30분 넘게 운동하며 "역시 내가 하면 되는구나. 연말에 푹 쉬어놓길 잘했어." 하고 뿌듯해한다. 둘째 날에도 20분 정도는 버틴다. 셋째 날쯤 되면 "오늘 유독 날씨도 춥고 좀 피곤하니까 내일 두 배로 하자"며 스스로를 설득한다. 그리고 넷째 날, 다섯째 날이 지나면서 어느새 운동복은 옷장 깊숙이 들어가 있고, 새로 산 운동화는 신발장에서 먼지에 뒤덮여 지고는 서서히 잊혀 진다.

이렇게 또 '한 번의 아무것도 하지 않은 작심삼일'이 완성된다. 이런 패턴을 반복하면서 나름대로 분석도 해봤다. 왜 항상 3일을 못 넘기는지, 무엇이 문제인지 말이다. 처음에는 너무 거창한 계획을 세우는 것 같았다. "매일 1시간씩 운동을 하겠다."는 식으로 말이다. 그러니까 하루라도 빠뜨리면 "아, 벌써 계획이 망가졌다."며 좌절하게 되는 것이다. 몇 년째 이런 패턴을 반복하다 보니 스스로에게 실망하게 된다. "나는 왜 이렇게 의지가 약할까", "다른 사람들은 어떻게 그렇게 꾸준히 할 수 있을까" 하는 자책감이 밀려온다. SNS를 보면 더욱 위축된다. 매일 아침 6시에 일어나서 달리기하는 사람들, 1년 넘게 꾸준히 헬스장을 다니며 몸이 변해가는 과정을 인증하는 사람들을 보면 부러우면서도 한편으로는 "나는 정말 안 되는구나"라는 생각이 든다.

아예 운동에 대한 생각 자체를 포기해버리곤 했다. 어차피 며칠 못 가서 그만둘 거면 시작하지 말자는 식으로 말이다. 주변에서도 "또 운동 시작해? 어차피 며칠 못 갈 텐데"라는 식의 반응을 보일 때가 있었다. 그럴 때면 더욱 움츠러들게 되고, 아예 시도조차 하지 않게 되었다. 몇 년을 이렇게 보냈다. 운동을 해야 한다는 생각은 있지만, 어차피 실패할 거라는 두려움 때문에 시작조차 못 하는 상태였다.

그렇게 시간을 허비하던 중, 3일 연속으로 정확히 10분씩 운동을 한 적이 있었다. 그때 깨달았다. 작심삼일이라도 운동을 아예 하지 않는 것보다는 낫다는 깨달음이었다. 3일 동안은 분명히 몸을 움직였고, 그 3일 동안만큼은 건강에 도움이 되었다는 것이다. 0일보다는 3일이 낫고, 포기하고 나서도 다시 마음을 다잡아서 또 3일 운동하면 결국 6일이 된다. 이런 식으로 작심삼일을 여러 번 반복하다 보면 한 달에도 몇 번은 운동을 하게 되고, 일 년 동안 보면 생각보다 많은 날을 운동한 셈이 된다. 완벽하게 매일 하지는 못하더라도, 아예 하지 않는 것과는 천지차이다. 작심삼일도 10회만 하면 한 달이고, 120회를 하면 1년이다.

이런 생각의 전환이 있고 나서 운동에 대한 부담이 많

이 줄었다. "완벽하게 해야 한다"는 강박에서 벗어나니까 오히려 시작하기가 수월해졌다. "일단 오늘 팔굽혀펴기 50개만 해보자"는 마음으로 시작하니 부담도 적고, 실제로 지속하기도 더 쉬웠다.

말콤 글래드웰의 『아웃라이어』에서 언급된 "1만 시간의 법칙"을 보면, 어떤 분야에서든 세계 최고 수준에 도달하려면 약 1만 시간의 의도적 연습이 필요하다고 한다. 나 역시 그랬다. 일주일만 운동해도 뭔가 달라질 거라고 기대했고, 변화가 없으면 "역시 안 되는구나" 하며 포기했다. 지금 생각해보면 참 성급했던 것 같다. 몸의 변화는 최소 몇 개월에서 몇 년은 지나야 눈에 띄게 나타나는데, 일주일 만에 결과를 보려고 했으니 당연히 실망할 수밖에 없었다.

습관에 관한 연구들을 보면 더욱 흥미로운 사실들을 발견할 수 있다. 런던대학교 행동 변화 연구소의 필리파 랠리 박사팀이 2009년 발표한 연구에 따르면, 새로운 습관이 자동화되기까지 평균 66일이 걸린다고 한다. 많은 사람들이 알고 있는 "21일이면 습관이 된다."는 말은 1960년대 성형외과 의사 맥스웰 몰츠가 자신의 경험을 바탕으로 한 것으로, 과학적 근거가 부족하다는 것이 밝혀졌다. 실제로는 사람마다, 습관마다 차이가 있지만 적게는 18일에서 많게는 254일까지도 걸릴 수 있다는 것이다. 운동 같은 신체적 활동은 특히 더 오랜 시간이 필요하다. 이런 연구 결과들을 알고 나니 마음이 한결 편해졌다. 평균적으로 66일이면 습관이 형성된다니, 내가 3일씩 운동하다가 쉬고, 다시 3일 하다가 쉬는 것을 반복해도 결국은 습관의 길로 가고 있는 것이었다. 중요한 것은 완전히 포기하지 않는 것이다. 3일 하고 일주일 쉬어도, 다시 마음을 다잡고 시작하는 것. 이런 식으로 작심삼일을 여러 번 반복하다 보면 어느 순간 운동하지 않는 날이 오히려 어색해지는 때가 온다.

실제로 내 경험도 그렇다. 처음에는 정말 3일도 못 버텼다. 그러다가 작심삼일을 몇 번 반복하니 일주일 정도는 할 수 있게 되었다. 그리고 또 몇 번의 시행착오를 거치니 2주 정도는 지속할 수 있게 되었다. 지금은 비록 매일 하지는 못하지만, 일주일에 3~4번 정도는 자연스럽게 운동을 찾게 되었다. 완벽하지는 않지만, 예전에 비하면 엄청난 발전이다. 찰스 두히그의 『습관의 힘』에서도 언급

하듯이, 습관은 "신호-루틴-보상"의 고리로 이루어진다. 운동도 마찬가지다. 처음에는 의식적으로 신호를 만들어야 한다. 알람을 맞춰 놓거나, 운동복을 미리 꺼내 놓거나, 특정 시간을 정해두는 것들 말이다. 그리고 운동이라는 루틴을 실행한 후에는 스스로에게 보상을 주어야 한다. 좋아하는 음료를 마시거나, 운동 일지를 체크하며 성취감을 느끼거나, 운동 후의 개운함을 충분히 만끽하는 것이다.

작심삼일을 반복하는 과정에서 이 습관 고리Habit Loop가 점점 강화된다. 신호에 반응하는 것이 자연스러워지고, 루틴을 실행하는 것이 덜 부담스러워지며, 보상을 통해 긍정적인 기억이 쌓인다. 어느 순간 운동을 하지 않는 것이 오히려 이상하게 느껴지는 때가 온다. 바로 그 순간이 습관이 형성되는 시점이다. 내 경우에는 운동 후에 마시는 시원한 음료와 찬물 샤워가 큰 보상이었다. 운동으로 흘린 땀을 깨끗하게 씻어내고 나면 몸이 한결 가벼워지는 느낌이 들었다. 그리고 "오늘도 운동을 했다."는 뿌듯함이 하루 종일 기분을 좋게 만들어줬다.

물론 여전히 완벽하지는 않다. 며칠씩 빠뜨릴 때도 있

고, 의욕이 없는 날도 있다. 특히 날씨가 안 좋거나 몸이 피곤할 때는 운동하기가 더욱 어렵다. 하지만 예전처럼 "아, 또 실패했다"며 아예 포기해버리지는 않는다. 대신 "며칠 회복했으니 오늘부터 다시 시작하자"고 생각한다. 이런 마음가짐의 변화가 가장 큰 성과인 것 같다. 운동 자체도 중요하지만, 실패에 대처하는 방식이 바뀐 것이 더욱 의미 있다.

작심삼일해도 괜찮다. 중요한 것은 삼일이 지나고 나서도 완전히 포기하지 않는 것이다. 일주일 쉬고 다시 삼일, 또 며칠 쉬고 다시 삼일. 이런 식으로 반복하다 보면 결국 습관이 된다. 66일이 걸리든 100일이 걸리든, 포기하지 않고 계속하다 보면 언젠가는 운동이 일상의 자연스러운 부분이 되는 날이 올 것이다. 완벽한 운동 루틴을 꿈꾸기보다는 불완전하지만 지속 가능한 나만의 방식을 찾아가는 것. 그것이 진짜 건강한 운동 습관의 시작이다.

일상이 단순해도 괜찮아

Simple is Best

아침 7시, 알람이 울린다. 세수를 하고 간단히 아침을 먹는다. 8시 20분에 아이들과 집을 나서 학교 등교 및 어린이집 등원을 시킨 뒤, 출근길에 오른다. 2시간 단축 근무를 활용하여 오후 4시에 퇴근해서 4시 30분에는 아이들을 하원하여 함께 귀가한다. 저녁을 일찍 먹고 아이들과 놀아주다가 9시 30분쯤 재운다. 아이들이 잠들면 운동을 나간다. 11시에 집에 돌아와 샤워를 하고, 아내와 하루 있었던 일들을 나누며 대화를 나눈다. 11시 50분경 잠자리에 든다.

내 하루 일과는 정말 단순하다. 집-회사-육아-운동.

이것이 내 일상의 전부다. 주말에도 크게 다르지 않다. 평일에는 가족들과 함께 집에서 시간을 보내거나, 주말에는 근교로 나들이를 가는 것이 고작이다. 술을 마시지 않고 담배도 피우지 않으니 따로 시간을 내어 모임에 나갈 필요도 없다. 그래서인지 이제는 나를 불러주는 사람도 거의 없다.

예전엔 이런 모습이 초라하게 느껴졌다. SNS에 올라오는 친구들의 화려한 일상을 보며 '제대로 된 취미 하나 없이 재미있게 사는 것이 맞나?' 하고 자책하기도 했다. 멋진 레스토랑에서 찍은 사진, 새로운 취미 활동, 다양한 모임과 여행들. 그런 것들과 비교하면 내 일상은 너무나도 밋밋해 보였다. "남자가 술도 마시지 않고, 담배도 피우지 않고, 당구도 못치고, 낚시도 안 하고, 게임도 안 하고, 유튜브도 안 보고 그럼 무슨 재미로 살아?" 혹은 "자고로 남자는 집에 일찍 들어가면 안 돼. 민폐야 민폐."라는 말을 종종 들은 적도 있다.

하지만 지금은 오히려 이런 단순함이 더 좋다. 사실 지금도 아내에게 종종 이야기한다. "코로나 19사태가 심각한 상황이긴 하지만 개인적으로는 그때의 일상 루틴이 더 좋았다."고. 가족들과 보내는 시간이 늘어났고, 그 와중에 개인적으로 하고 싶었던 일들을 할 여유도 생겼다. 어느 순간부터는 독서, 글쓰기, 달리기, 이 세 가지가 내 개인적인 취미 활동의 전부이다. 물론 축구나 풋살도 종종 한다. 그것도 나름 달리기의 일종으로 생각한다. 복잡하게 생각하지 않는다. 돈도 많이 들지 않는 취미들이다. 그저 시간과 의지만 있으면 된다.

집에서는 아이들에게 책읽기를 좋아하는 아빠의 모습이다 보니 아이들이 "아빠가 제일 좋아하는 책을 읽는 것 못하게 방해할 거야", "아빠는 책 읽는 게 제일 좋아?"라고 말한다. 이 정도면 취지야 어찌됐든 가정 내에서 '독서하는 아빠', '책 좋아하는 아빠' 이미지 메이킹은 성공했다고 할 수 있겠다.

회사에서는 말수가 많지 않은 편이다. 필요한 대화는 하지만 굳이 잡담을 늘어놓지는 않는다. 할 이야기도 많지 않지만, 다른 직원들보다 2시간 단축 근무를 해야 하는 상황이라 나에게 주어진 업무를 시간 내에 처리하려면 집중할 수밖에 없다.

집에 와서는 완전히 다른 사람이 된다. 아내는 나를

'수다쟁이'라고 부를 정도로 많은 이야기를 한다. 오늘 회사에서 있었던 일, 아이들과 함께한 재미있는 순간들, 책에서 읽은 인상 깊은 구절, 운동하면서 든 생각들까지. 가족 앞에서만큼은 하루 종일 모아둔 말들을 쏟아낸다. 심지어 술을 마시지 않고도 아이들과 몸을 흔드는 율동도 서슴지 않는다.

이런 모습이 이상할 수도 있다. 밖에서는 과묵한데 집에서만 말이 많다니. 하지만 나에게는 이것이 자연스럽다. 정말 편한 사람들 앞에서만 진짜 나의 모습을 보여주고 싶다. 가족이 바로 그런 존재들이다.

헨리 데이비드 소로는 『월든』에서 단순한 삶을 강조했다. 그는 또한 '사람은 자신이 가진 것의 비율로 부유한 것이 아니라, 그것 없이도 살 수 있는 것의 비율로 부유하다'고 말했다. 존 보글도 그의 투자 철학에서 '단순함이 최고 Simple is Best'라는 원칙을 강조했다. 복잡한 인간관계에 얽매이지 않으니 스트레스가 줄어들었다. 여러 가지를 동시에 하려고 하지 않으니 집중력이 높아졌다. 불필요한 소비를 하지 않으니 경제적으로도 여유가 생겼다.(아직 경제적 자유를 이룬 것은 아니다.) 무엇보다 가족과 함께하는 시간이 늘어나니 행복감이 커졌다.

물론 이런 단순한 삶이 모든 사람에게 맞는 것은 아닐 것이다. 다양한 활동을 통해 에너지를 얻는 사람들도 있고, 많은 사람들과의 관계 속에서 자신을 찾아가는 사람들도 있다. 그런 삶도 충분히 의미 있고 가치 있다고 생각한다. 다만, 나처럼 단순한 일상을 사는 것에 대해 부끄러워할 필요는 없다는 것을 말하고 싶다. 화려하지 않아도 괜찮고, 특별하지 않아도 괜찮다. 매일 반복되는 평범한 루틴 속에서도 충분히 의미 있고 행복한 삶을 살 수 있다.

아침에 가족들과 함께하는 식사 시간, 퇴근 후 아이들이 달려와 안기는 순간, 아내와 나누는 소소한 대화들, 혼자만의 시간에 읽는 책 한 구절, 잠들기 전 양쪽 품에 쏙 안겨 책을 읽어달라는 아이들의 미소. 이런 평범한 일상들이 쌓여 나만의 소중한 인생이 된다. 요즘 같은 시대에는 더욱 그런 것 같다. SNS에는 화려한 일상들로 넘쳐나고, 끊임없이 새로운 자극을 찾아야 할 것 같은 압박감이 있다. 하지만 정작 중요한 것은 남들이 보기에 멋진 삶이 아니라, 나 자신이 진정으로 만족하고 행복해하는 삶이다.

단순함 속에서 찾은 여유로움, 가족과의 깊어진 유대감, 개인적인 성장을 위한 시간들. 이런 것들이 나에게는 어떤 화려한 경험보다도 값지다. 일상이 단순해도 괜찮다. 오히려 단순하기 때문에 더 소중한 것들을 놓치지 않을 수 있는지도 모른다.

Simple is Best. 이 단순한 진리가 내 삶을 더욱 풍요롭게 만들어 주고 있다.

2장

서툰 남편, 부족한 아빠, 괜찮아

자꾸 혼나도 괜찮아

　결혼 전에는 내가 이렇게 자주 혼날 줄 몰랐다. 사실 학창 시절에도 가는 곳마다 어른들에게 자주 혼났기에 잔소리를 들어도 큰 타격감이 없다. 타격감은 없지만 그래도 불혹을 앞둔 어른으로서 내가 듣고 있는 말에 대해 곰곰 생각해보았다. "양말 또 아무데나 벗어놨지", "세탁기에 세제 안 넣고 돌린 것 같은데?", "선크림 안 발랐지?" 등. 매일 같이 듣는 소리다. 그럼에도 늘 신선하다. 시간이 지나면서 깨달았다. 이것도 남편으로서의 중요한 역할 중 하나라는 것을.(사실 이렇게 긍정적이면 안 된다.)
　대한민국 남편들 중에 아내에게 꾸중을 받지 않는 남

편이 있을까. 아마 거의 없을 것이다. 꾸중을 받고 있지 않다면 그 비결과 방법을 따로 알려주길 바란다. 이건 우리가 못나서가 아니라 구조적인 문제다. 여성과 남성의 생활 패턴이 다르고, 중요하게 생각하는 포인트가 다르기 때문이다.

아내는 집안일을 할 때 효율성과 완성도를 동시에 추구한다. 반면 남편들은 '일단 해치우자'는 마음으로 접근한다. 설거지를 예로 들어보자. 아내는 기름때까지 깨끗하게 제거하고 물기까지 완전히 닦아서 정리하는 것을 당연하게 생각한다. 하지만 나는 '거품만 없어지면 깨끗한 거 아닌가?' 하는 생각으로 대충 헹궈놓는다. 빨래 개는 것도 마찬가지다. 아내는 옷의 종류별로, 색깔별로, 계절별로 구분해서 정리한다. 하지만 나는 그냥 접어서 옷장에 넣으면 끝이라고 생각한다. "바지는 바지끼리, 상의는 상의끼리 정리해야지"라는 말을 들으면 '아, 그런 규칙이 있었구나' 하고 뒤늦게 깨닫는다.

아이들 돌보는 것도 비슷하다. 아내는 아이의 컨디션, 날씨, 활동량 등을 종합적으로 고려해서 옷을 입히고 간식을 준비한다. 하지만 나는 '더우면 반팔, 추우면 긴팔'

정도의 단순한 사고로 접근한다. 그러면 "아이가 감기 기운이 있는데 왜 얇게 입혔어?"라는 말을 듣게 된다. 이런 말을 들었을 때 처음에는 억울했다. '나도 나름대로 열심히 하는데 왜 인정받지 못할까' 하는 생각이 들었다. 하지만 시간이 지나면서 아내의 말이 하나도 틀린 게 아니라는 것을 깨달았다. 정말로 내가 놓치고 있는 부분들이 많았다. 섬세함이 부족했고, 꼼꼼함도 떨어졌다. 그리고 무엇보다 아내만큼 집안일에 대한 전문성이 없다. 근 10년 간 학교전담경찰관을 하면서 학교폭력 업무에서만큼은 나름의 전문성을 갖고 있다고 자부했는데, 집안일은 완전히 다른 영역이었다. 전혀 다른 기준과 방식이 필요한 일이었다.

부부 관계 전문가 존 가트맨은 『행복한 부부, 이혼하는 부부』에서 "결혼생활이 선사하는 최고의 선물 한 가지는 다른 사람의 눈으로 세상을 볼 줄 알게 되는 능력이다"라고 했다. 성공적인 관계는 서로의 차이를 인정하고 배우려는 자세에서 시작된다는 것이다. 이제는 혼나는 것도 배움의 과정이라고 생각한다. 아내에게 혼나면서 조금씩 집안일의 노하우를 터득해가고 있다. "설거지

할 때는 뜨거운 물에 세제를 충분히 풀어서 해야 기름때가 잘 빠져" 참, 이사한 지 근 3년이 되어서야 요즘 식기세척기를 돌릴 수 있게 되었다. "세탁기에는 색깔별로 나눠서 그리고 수건은 따로 넣어야 돼" 같은 것들을 하나씩 배워간다. 물론 배우는 속도가 느리다. 같은 실수를 몇 번씩 반복하기도 한다. 하지만 아내는 포기하지 않는다. 계속 가르쳐준다. 그런 아내가 늘 고맙다.

결혼 후 가장으로서의 위엄은 없지만 나의 현 위치를 '배우자에게 매일 혼나면서 꿋꿋하게 배우자'라는 마음으로 하루하루를 보낸다. 밖에서는 나름 인정받는 직장인인데 집에 와서는 매일 혼나는 남편이라니. 이제는 이것도 하나의 역할이라고 받아들이고 즐긴다.

완벽한 아내도, 완벽한 남편도 없다. 처음부터 집안일을 완벽하게 하는 남편도 없다. 아내에게 배우면서 점점 나아지는 것이다. 최근에 알았는데 20대 초반부터 자취 생활을 하는 등 독립적인 생활했다면 이야기가 달라진다. 집안일을 더 잘하는 남편도 있다. 대부분의 결혼한 친구들과 만나면 비슷한 이야기들을 나눈다. "우리는 왜 그럴까?" 하면서 서로 위로한다. 그러면서 깨닫는 것은 이것이 우리만의 문제가 아니라는 것이다. 결혼한 남성들이라면 대부분 겪는 일상이다. 물론 다시 말하지만 처음부터 살림을 잘하는 친구들도 있다.

이런 과정을 통해 우리는 조금씩 더 나은 남편이 되어간다. 아내의 꾸중은 사랑의 다른 표현이기도 하다. 정말로 포기했다면 아예 아무 말도 하지 않았을 것이다. 나와 소통한다는 것은 아직 나에 대한 기대와 관심이 있다는 뜻이다. '이 사람이 더 나아질 수 있다.'고 믿기 때문에 계속 가르치려고 하는 것이다.

요즘에는 혼나는 것도 소통의 하나라고 생각한다. 아무 말 없이 아내가 혼자 다 처리해버리는 것보다는, 혼내면서라도 내가 참여할 기회를 주는 것이 낫다. 그 과정에서 우리는 서로를 더 이해하게 된다. 아내는 내가 얼마나 서툰지 알게 되고, 나는 집안일이 얼마나 세심한 작업인지 깨닫게 된다. 자꾸 혼나도 괜찮다. 그것도 남편의 역할 중 하나다. 완벽한 남편이 되려고 애쓰지 말자. 대신 혼나면서라도 겸허히 배우는 남편이 되자. 매일 조금씩 나아지는 남편이 되자. 그것만으로도 충분하다.

조금 서툴러도 괜찮아

　지난 주말 인천 지역 100인의 아빠단 7기 발대식 행사에 다녀왔다. '100인의 아빠단'이라고 해서 거창한 것이 아니다. 나 같은 경우 100인의 아빠단 활동을 하는 이유가 따로 있다. 나보다 훨씬 적극적인 아빠들의 활동을 보면서 자극을 많이 받는다. 교육, 관계, 놀이 등 각종 미션들을 수행하면서 아이들과 소통하고, 육아 정보도 공유하며, 아이들과 더욱 친밀해지는 시간을 갖는다.
　사실 혼자서도 아이들과 충분히 잘 놀 수 있다고 생각했었다. 하지만 막상 '100인의 아빠단' 활동을 해보니 다른 아버님들의 육아 노하우를 배울 수 있어서 유익했다.

무엇보다 '나만 육아가 어려운 게 아니구나' 하는 동질감을 느낄 수 있어서 좋았다.

이번 발대식 행사에서는 샌드아트 공연과 아이들이 좋아하는 마술 공연이 있었다. 아이들을 키우면서 마술 공연을 많이 봐서 아이들 옆에 앉아서 잠시나마 쉴 예정이었다. 발대식이 시작되고, 샌드아트 공연이 먼저 시작되었다. 의자에 머리를 기댄 채 눈을 감으려던 찰나, 옆에서 딸의 눈이 반짝인다.

"아빠, 지금 저거 모래 선생님이 직접 하고 있는 거야?"
"응, 저기 앞에 화면 옆에서 선생님께서 직접 모래로 공연해주시는 거야."
"모래로 글씨를 쓰는 거야?"
"응, 글씨도 써주시고, 저기 누나랑 엄마, 아기까지 3명 그리고 계시네."

아들도 감탄했다.

"오, 글씨 엄청 또박또박 잘 쓰신다." "응, 완전 전문가 선생님이셔."

　잠시만 감으려던 눈을 감지 못한 채, 20분 샌드아트 공연을 함께 감상했다. 아이들의 반응을 보니 나도 덩달아 집중하게 되었다. 샌드아트 맨 마지막 멘트가 글을 쓰는 지금도 뭉클하다.

'조금 서툴러도 괜찮아요.
아빠의 사랑! 그 자체로 가장 멋지니까요.'

　이 마지막 문구를 보면서 양 옆에 있는 아들과 딸의 어깨를 감싸며 "고마워."라고 한마디를 했다. "뭐가? 아빠 뭐가 고마워?" 아들은 듣는 둥 마는 둥 했지만, 나는 진심이었다. "그냥 다 고마워."

　조금 서툴러도 괜찮다고 한다. 사실 조금이라고 했지만, 나는 아직도 많이 서투르다. 모든 부분에 있어서 늘 서툰 모습을 보인다. 무언가를 할 때 늘 서툴기에 아예 시작 단계에서부터 긴장도 많이 하고, 신중한 모습을 보인다. 서툴기에 대충 해서도 안 된다. 남들보다 더 많은 시간을 투자해서 노력을 해야 하고 신경을 써야 한다. 그래야 결과물이 어느 정도 비등하게 보이기 때문이다. 육아도 운동도 모두 마찬가지다.

간혹 SNS를 보면 아이들과 짧은 시간을 보내도 집중 있게 보내라고 한다. 이럴 때 나는 물리적으로 짧은 시간을 보내기는커녕 일단 어떻게든 함께하는 시간을 많이 확보해놓고, 더 많은 시간을 보내고자 노력한다. 아마도 서툴기에 가능한 것 같다. 내가 뭘 해도 서툴지 않고 능수능란하게 한다면 자만하다가 실수를 저지르고, 겸손한 태도와는 거리가 먼 사람이 되었을 것이다.

물론 모든 분야에 능수능란하고 겸손한 사람들도 많다. 굳이 남들과 비교할 필요도 없다. 내가 할 수 있는 능력 범위 내에서 조금은 서툴더라도 서두르지 않고, 내 속도에 맞게 나아가고자 하는 방향만 일치한다면 언젠가는 원하는 바를 이룰 수 있다.

어렸을 때에는 뭐든 서툰 내 모습에 스스로 채찍질을 많이 했던 것 같다. 아침 기상 알람을 듣지 못하고 자책으로 하루를 시작하던 날, 남들은 쉽게 합격하는 것처럼 보이던 운전면허 도로주행 시험 중 탈락하여 운전석에서 핸들을 놓고 터덜터덜 뒷좌석으로 옮기던 기억 등, 스스로에 대해 자책했던 순간들이 많았다. 이마저도 독서를 통해 마인드가 바뀌었다. '아니 사람이 어떻게 다 잘해?' '실수할 수도 있지, 다음부터 잘하면 되지.' '지금도 충분히 잘하고 있어, 이대로만 하면 돼.' 정확히는 독서를 시작하고, 좋은 문장들을 필사하면서부터인 것 같다. 내 삶에 대한 여유와 나 자신을 소중히 여기고 사랑하는 방법을 완벽하게 터득한 것은 아니지만, 독서를 시작하기 전과 후로 나뉜 것은 확실하다.

다른 독서가들에 비하면 책을 많이 읽는 수준은 아니지만, 틈만 나면 책을 읽고자 노력하고 있다. 아무래도 집에 아이들이 있다 보니 더욱 책 읽는 모습을 보여주고자 독서를 한다. 독서하는 척을 하다가도 좋은 문장들이 보이면 실제로 필사를 한다. 어느 날 딸이 물었다.

"아빠, 나도 책 보면서 글씨 써야 돼?"
"아니, 책 읽으면서 무조건 안 써도 돼. 나중에 좀 더 커서 한글 배우고 써도 돼."

아들이 옆에서 거들었다.

"아빠는 맨날 책 보고 엄청 많이 쓰네."
"아빠는 어렸을 때 책을 많이 안 봐서 이제부터라도 열심히 하는 거야."

'조금 서툴러도 괜찮아요.
아빠의 사랑! 그 자체로 가장 멋지니까요.'

샌드아트 작가의 메시지가 계속 마음에 남는다. 서툴러도 괜찮지만 서둘러서도 안 되고, 포기해서도 안 된다. 서툴러도 꾸준히 한다면 반드시 원하는 바를 이룰 수 있다. 비록 완벽한 아빠는 아니지만, 아이들을 사랑하는 마음만큼은 누구에게도 뒤지지 않는다. 그 사랑으로 조금씩 더 나은 아빠가 되어가고 있다. 오늘도 서툴지만, 그래도 괜찮다. 아이들과 함께하는 시간 그 자체가 가장 소중하니까.

조금 서툴러도 괜찮다. 아빠의 사랑만큼은 완벽하니까.

'100인의 아빠단'을 소개합니다.

아빠 육아를 위한 유익한 소통 공간인 '100인의 아빠단' 공식 커뮤니티 네이버 카페.

네이버 카페 주소 : https://cafe.naver.com/100papa/2

보건복지부 산하 각 지역별 인구보건복지협회에서 '100인의 아빠단'이 운영되며, 매주 1회 공식 제공되는 기본 육아 실천 미션, 육아 정보 공유, 주간미션 인증, 오프라인 행사, 지역정보 안내, 자조모임(인천 실시) 운영

육아가 처음이고, 평일에는 집에서 주말에는 아이들과 어디로 가야할지 고민한다면 '100인의 아빠단' 카페에 가입해서 매주 주어지는 공통 미션만 수행해도 아이들과 애착 형성은 고민하지 않아도 된다. 아빠와 자녀 사이에 애착 형성이 되었다면 가끔씩 아빠 혼자서 아이를 데리고 나가서 아내에게 휴식을 줄 수도 있다.

2022년 경기 100인의 아빠단을 시작으로 2023년부터는 인천 100인의 아빠단 활동을 하고 있는데 '100인의 아빠단' 활동을 하지 않을 이유를 찾지 못할 정도로 추천한다.

투자 공유해도 괜찮아

　우리 부부는 결혼 전부터 각자 보유한 자금을 투명하게 공개했다. 거짓말하고 숨길 만큼 큰 자금이 없었기에 가능했다고 표현하는 게 정확할지도 모르겠다. 돌이켜보면, 그것이 오히려 다행이었다. 많은 부부가 금전 문제로 갈등을 겪는다는 이야기를 들으면서, 우리는 어떻게 이 부분을 자연스럽게 해결할 수 있었을까 생각해보니 애초에 숨길만한 자산이 없었다. 그래서 더욱 숨길 필요가 없었다. 이제는 웃으면서 이야기를 한다.

　투자 이야기를 꺼내면 사람들은 대개 조심스러워한다. 얼마를 벌었는지, 얼마를 잃었는지, 어떤 종목에 투자했는지에 대해 쉽게 입을 열지 않는다. 심지어 부부 사이에서도 투자는 민감한 주제가 되곤 한다. 아내와 나는 각자 나름의 방식으로 투자 공부에 집중했다. 나는 주로 책을 읽거나 블로그를 통해 정보를 수집했고, 아내는 유튜브나 온라인 강의를 선호했다. 처음에는 서로 다른 방식으로 공부하다 보니 때때로 상반된 정보를 접하기도 했다. 어떤 전문가는 지금이 매수 적기라고 하고, 다른 전문가는 신중해야 할 시점이라고 하는 식으로 말이다.

이럴 때 우리는 서로 공부한 내용을 편하게 나누기로 했다. 저녁 식사를 하면서 또는 아이들이 잠든 후 차 한 잔을 마시며 오늘 본 투자 관련 영상이나 읽은 기사에 대해 자연스럽게 대화를 나눴다. 그 과정에서 서로의 생각을 이해하게 되었고, 때로는 내가 놓친 부분을 아내가 지적해주거나 그 반대의 상황도 생겼다. 겹치는 부분이 있으면 그 내용을 더 자세히 파고들었다. 두 사람이 서로 다른 경로를 통해 같은 결론에 도달했다면 그만큼 신뢰할 만한 정보일 가능성이 높다고 판단했기 때문이다. 이런 방식으로 공부하다 보니 단순히 정보를 수집하는 것을 넘어서 서로의 관점을 공유하고 보완하는 시너지 효과를 얻을 수 있었다.

 투자를 공유한다는 건 단순히 돈을 함께 관리한다는 의미를 넘어선다. 서로의 가치관과 인생관을 나누는 과정이기도 하다. 어떤 것에 투자할지를 결정할 때 우리가 추구하는 가치가 무엇인지, 미래에 대해 어떤 관점을 갖고 있는지가 드러나기 때문이다. 때로는 의견이 엇갈릴 때도 있었다. 코로나19 사태 전후로 나는 조금 더 공격적인 투자를 선호했고, 아내는 안정적인 투자를 원했다. 처음에는 이런 차이가 갈등의 씨앗이 될 수도 있다고 걱정했지만, 오히려 균형을 맞춰주는 역할을 했다. 내가 너무 욕심을 부릴 때 아내가 브레이크 역할을 해주었고, 아내가 너무 보수적일 때는 내가 조금 더 도전해볼 것을 제안했다.

 벤저민 그레이엄은 『현명한 투자자』에서 '안전마진'의 중요성을 강조했다. 투자에서 심각한 손실을 피하고 원금을 보호하는 것이 핵심이라고 했다. 손실을 본 경우도 있었고, 예상과 다른 방향으로 흘러간 일도 많았다. 하지만 그런 경험들조차 함께 나누니 덜 무겁게 느껴졌다. 혼자 몰래 투자했다면 손실이 났을 때 자책하고 우울하고 안절부절못하지 못했을 텐데, 함께 결정한 일이니 서로 위로하고 격려할 수 있었다.

실패도 함께 나누니 배움이 되었다. "이번에는 너무 성급했던 것 같아", "다음에는 좀 더 신중하게 접근해보자"는 식으로 건설적인 반성을 할 수 있었다. 혼자였다면 실패를 숨기거나 변명하려 했을 텐데, 함께하니 솔직하게 인정하고 개선점을 찾을 수 있었다. 아내와 개선점을 찾을 때에는 늘 맛있는 야식과 함께 했다. 지금도 우리 부부는 투자에 대해 자주 이야기한다. 아이들 앞에서도 자연스럽게 경제나 투자에 대한 대화를 나눈다. 물론 아직 어린 아이들이라 구체적인 내용을 이해하지는 못하지만, 부모가 돈에 대해 진지하게 고민하고 공부하는 모습을 보는 것만으로도 좋은 교육이 될 것이라고 생각한다.

아빠 : 아들, 요즘 자주하는 로블록스(RBLX) 주식 1주 사봤는데 봐봐. 일하지 않고 게임하는 동안에도 이만큼 올랐지? 용돈 받으면 간식 사먹어야 돼? 주식 사야 돼?

아들 : 내 돈으로 주식 사고, 아빠 돈으로 간식 사면되

겠다. 그리고 내가 로블록스 게임을 더 많이 해야 로블록스 주식이 오르겠네!

아빠 : 아들이 로블록스 많이 하지 않아도 전 세계 사람들이 많이 하니까 굳이 많이 하지 않아도 돼. 지금 8살이니까 지금부터 12년만 꾸준히 주식 사모아도 스무살이 되었을 때는 더 많이 올라있지.

아들 : 그럼 이제부터 주식 살래. 로블록스도 계속 하고.

아빠 : 지금부터 좋은 회사 주식을 모으면 나중에 일하지 않아도 돈이 돈을 벌게 돼.

아들 : 아빠, 아니 그래도 일은 해야지.

아빠 : 아 맞네 그러네.

벌써 아빠보다 나은 아들이다. 위 대화는 우리 가족의 현주소다. 이제 막 시작 단계인 셈이다.

투자를 완벽하게 해야 한다는 부담감도 많이 줄었다. 혼자 할 때는 '실수하면 안 돼', '반드시 수익을 내야 해'라는 압박감이 있었는데, 함께하니 '실수해도 괜찮아, 함께 배워 가면 돼'라는 마음으로 접근할 수 있게 되었다. 투자는 더 이상 부끄럽거나 숨겨야 할 일이 아니다. 특히 가족 간에는 더욱 그렇다. 서로의 꿈과 목표를 공유하고, 그것을 이루기 위한 방법을 함께 고민하는 과정에서 투자는 자연스러운 주제가 된다.

투자를 잘못해도 괜찮고, 실수해도 괜찮다. 혼자가 아니라 함께라면 더욱 그렇다. 투자를 공유해도 괜찮다. 오히려 더 나은 결과를 만들어낼 수 있다.

저자 추천

'투자 입문자를 위한 두 권의 추천도서'

1. 『돈의 속성』 - 김승호

부자가 되기 위한 돈의 본질적 속성을 다룬 책으로, 돈에 대한 통찰을 담고 있다. 돈이 어떻게 움직이는지, 부자와 가난한 사람의 사고방식이 어떻게 다른지를 구체적인 사례와 함께 설명한다. 투자 기법보다는 돈에 대한 근본적인 철학과 마인드셋 형성에 중점을 두고 있어, 투자를 시작하기 전 기본기를 다지고 싶은 입문자들에게 적합하다.

2. 『어느 동화작가의 소란한 투자 이야기』 - 이민숙

저자가 직접 주식 투자를 시작하면서 겪은 시행착오와 깨달음을 솔직하게 풀어낸 투자 에세이다. 전문 투자자가 아닌 평범한 사람의 시선으로 주식 시장에 입문하는 과정을 그려내어 투자 초보자들이 공감하기 쉽다. 투자에 대한 두려움을 줄이고 시작할 수 있는 용기를 얻을 수 있다. 투자 입문자가 심리적 장벽을 낮추는 데 유용한 책이다.

완벽한 아빠가 아니어도 괜찮아

 학창 시절에는 청소년들과 소통하는 교사가 꿈이어서 사범대에 진학했으나 군 제대 후 현실적인 교사 T/O를 보고 어쩔 수 없이 교사의 꿈을 포기했다. 가족들과 상의한 끝에 다른 길을 모색하기로 했다. 경찰공무원 시험을 준비하던 중, 마침 학교폭력 예방 업무를 하는 '학교전담경찰관' 경력경쟁채용시험 제도가 생겨 공고문이 게시되었다. 사범대를 졸업하여 학교전담경찰관 1기 채용 시험에 도전할 수 있었다. 지금 돌이켜보면 정말 운이 좋았다. 교사의 꿈을 포기해야 했던 상황이 오히려 나에게는 더 적합한 길로 이끌어준 셈이었다.

시험에 합격한 후, 학교전담경찰관과 인천가정법원 위탁보호위원 업무를 하면서 1,000명이 넘는 위기청소년과 그 보호자들을 만났다. 처음에는 단순히 업무라고 생각했다. 아이들이 문제를 일으키면 해결하고, 상담하고, 필요한 조치를 취하는 것이 내 역할이라고 여겼다. 하지만 시간이 지나면서 점점 복잡한 감정이 들었다.

매일 만나는 아이들의 사연은 하나같이 무거웠다. 가정폭력에 노출된 아이, 경제적 어려움으로 방치된 아이, 부모의 이혼과 재혼 과정에서 소외된 아이들이 너무 많았다. 쌓여가는 데이터 속에서 공통점을 찾았다. 아이들이 각종 비행 및 범죄 행위를 하고 있지만, 모든 책임을 그 아이들에게 전가할 수 없었다. 유년기부터 가정 내에서 심각한 아동학대를 당한 피해자이거나 아예 방임, 방치되는 아이들이 많았다.

올해 초, 10년간 위기청소년들을 만나며 정리한 『아이들은 죄가 없습니다』라는 책을 출간했다. 미혼 학교전담경찰관으로 시작하여 두 아이 아빠 역할도 추가되면서 새로운 고민이 시작되었다. 10년 동안 수많은 위기청소년들을 만나면서 가장 크게 느낀 것이 바로 가정의 영향력이었다.

좋은 부모 밑에서 자란 아이들은 설사 일시적으로 방황하더라도 결국 올바른 길로 돌아왔고, 반대로 가정에서 제대로 된 사랑과 관심을 받지 못한 아이들은 외부에서 아무리 도움을 주려고 해도 쉽게 변하지 않았다.

첫째 아이를 임신했을 때 기쁨도 잠시, 걱정이 앞섰다. 내가 과연 아빠로서 잘할 수 있을지. 그 고민은 해결되지 않은 채 지금도 아이들에게 "아빠도 아빠가 처음이야"를 외친다. 실제로 아빠가 되고 나서 육아에 대해 느낀 건 정말 어렵다는 것이었다. 이론으로는 다 알 것 같았는데 막상 현실은 하루하루가 아니 매 순간이 달랐다. 아이가 우는 이유를 몰라서 당황할 때, 밤새 잠을 못 자서 짜증이 날 때, 아이에게 소리를 지르고 나서 후회할 때, 그럴 때마다 내가 만났던 그 많은 부모들의 마음을 조금이나마 이해하게 되었다.

완벽한 부모가 되고 싶었지만 현실은 그렇지 못했다. 아이들과 대화를 나누다 보면 이런 상황이 자주 생긴다. "아빠도 아빠가 처음이라 미숙해"라고 말하면 아들과 딸이 "아니 아빠는 언제까지 처음이래."라고 반문한다. 그럼 나는 "죽을 때까지 처음이지 아빠는"이라고 대답한다.

그러면 아이들이 "그러네…"라고 수긍한다.

이런 대화가 우리 집에서는 일상이다. 처음에는 농담 반 진담 반으로 시작한 말이었는데, 시간이 지나면서 정말 그런 것 같다는 생각이 든다. 아빠라는 역할에는 정말 끝이 없다. 아이가 태어났을 때의 아빠, 유치원에 다닐 때의 아빠, 초등학교에 입학했을 때의 아빠, 사춘기가 되었을 때의 아빠, 성인이 되었을 때의 아빠까지. 매 순간마다 새로운 상황이 생기고 새로운 대응이 필요하다.

영국의 소아과 의사이자 정신분석학자인 도널드 위니캇은 '충분히 좋은 어머니$_{good\ enough\ mother}$' 개념을 제시하며 "부모가 완벽하게 잘 맞춰줄 필요는 없지만, 충분할 정도로 좋으면 된다."고 했다. 완벽한 부모는 오히려 아이에게 해로울 수 있으며, 중요한 것은 충분히 좋은 부모가 되는 것이다. 첫째가 초등학교에 입학할 때도, 둘째가 어린이집에 적응하지 못할 때도 마찬가지였다. 매번 새로운 상황 앞에서 나는 어떻게 해야 할지 몰라 당황하곤 했다. 지금도 여전히 정답을 모르겠다는 생각이 들 때가 많다.

다양한 육아 관련 서적을 읽어보기도 하고, 주변 사람

들에게 조언을 구하기도 하지만 결국 내 아이에게 맞는 방법을 찾아가는 과정은 우리 부부의 몫이다. 아이들에게 화를 낼 때가 있다. 특히 같은 실수를 반복할 때나 위험한 행동을 할 때는 참기가 어렵다. 그런 날 밤에는 잠든 아이들의 얼굴을 보며 미안한 마음이 든다.

내가 만났던 위기청소년들 중에도 부모의 폭행과 폭언으로 상처받은 아이들이 많았는데, 나도 그런 부모가 되는 건 아닐까 하는 걱정이 들기도 한다. 하지만 이제는 그런 걱정보다는 다음에는 조금 더 잘해보자는 마음으로 바뀌었다. 완벽한 부모는 없다. 실수하고 후회하고 또 시도하는 것, 그것이 부모의 모습이다.

아이들과의 일상 대화에서도 많은 것을 배운다. 아이들은 어른들이 생각하지 못하는 관점에서 질문을 하고, 순수한 시각으로 세상을 바라본다. "아빠는 왜 일해야 해? 집에 있으면 안 돼?", "사람들은 왜 화를 내?", "왜 나쁜 사람들이 많아?" 같은 질문들은 대답하기 어렵지만 한편으로는 내 삶을 돌아보게 하는 소중한 질문들이다.

그럴 때마다 나는 "아빠도 정확한 답을 모르겠어. 함께 생각해볼까?"라고 대답한다. 완벽한 답을 주지 못하는 것이 미안하기도 하지만, 아이들과 함께 고민하고 생각하는 과정 자체가 의미 있다고 생각한다. 완벽한 아빠가 되려고 노력했던 초기와 달리 이제는 '괜찮은 아빠'가 되려고 한다. 모든 것을 다 해줄 수는 없지만 아이들이 힘들 때 의지할 수 있는 아빠, 아이들의 이야기를 들어주는 아빠, 아이들과 함께 성장해가는 아빠가 되고 싶다.

학교전담경찰관으로 일하면서 만났던 그 많은 가족들을 통해 깨달은 것은 완벽한 가정은 없다는 것이다. 다만 서로를 이해하려고 노력하고, 사랑을 표현하고, 어려울 때 함께 이겨내려는 가정이 건강한 가정이다. 완벽하지 않아도 괜찮다. 중요한 것은 포기하지 않고 계속 노력하는 것이다. 오늘도 아이들에게 말한다. "아빠도 아빠가 처음이야. 함께 배워가자."

완벽한 아빠가 아니어도 괜찮다. 아이들과 함께 성장해가는 아빠이면 충분하다.

늦었다고 생각해도 괜찮아

　이지성 작가의 『리딩으로 리드하라』를 읽었다. 사실 '읽었다'는 표현을 쓰기가 조심스럽다. 1년 전에 구입해 둔 책을 이번 독서모임 때문에 어쩔 수 없이 끝까지 본 것에 가깝다. 1년 전 당시 절반쯤 억지로 읽다가 너무 어려워서 책장 깊숙이 밀어 넣어 두었던 책이다. 이번에 독서모임 도서로 선정되었다는 소식을 듣고 다시 용기를 내어 책을 꺼내들었다. 정확히 1년 사이 내게 무슨 변화가 있었는지는 모르겠지만, 작년에는 정말 한 페이지 넘기기도 버거웠는데 이번에는 조금 나아졌다. 그래도 여전히 어려운 건 마찬가지였다. 독서모임이라는 강제성이 없었다면 아마 또다시 중도 포기했을 것이다.

  책 한 권을 읽으면서 내가 얼마나 무지한 존재인지 뼈저리게 느꼈다. 뒤통수를 맞은 기분이라고 표현했지만, 사실 맞을 뒤통수조차 없었다는 게 더 정확한 표현일 것이다. 인문고전 독서의 중요성에 대해서도 이제야 조금 깨닫기 시작했다. 30대 후반에 이르러서야 이런 걸 알게 되다니 부끄럽기도 하지만, 그래도 아예 모른 채로 지나가는 것보다는 낫다고 스스로를 위로한다. 지금까지 인문고전이라는 영역을 전혀 접해보지 않았으니, 이제부터라도 조금씩 도전해보고 싶은 마음이 생겼다. 다른 사람들에게는 일상적인 취미 활동인 독서가 나에게는 정말 큰 도전인 셈이다. 혼자서는 도저히 할 수 없을 것 같아서 독서모임에 의존하고 있다. 다른 회원들을 따라가기만 해도 조금은 나아지지 않을까 하는 기대감이다.

  책 마지막 부분에 이지성 작가가 쓴 말이 정곡을 찔렀다.

"아마도 당신은 인문고전을 외면하고 무시해 왔을 것이다. 아니 인문고전이 존재하는지조차 몰랐을 수도 있다."

정말 그대로였다. 무시한 것도 아니고, 그냥 존재 자체를 몰랐다. 이지성 작가가 권한 대로 먼저 『논어』를 펼쳐 보기는 했다. 하지만 중간 중간 이해가 가지 않는 부분이 있다.

"학이시습지 불역열호(學而時習之 不亦說乎)"
배우고 때때로 익히니 또한 기쁘지 아니한가

이 부분은 고등학교 한문 시간에 아무런 생각 없이 맞아가며 외웠던 것이 기억났다. 중간 중간에 어디서 들어봤던 문구들이 있어 '맞으면서 배운 부분은 20년이 지나도 몸이 기억하고 있네.'라며 포기하지 않고 초등학교 1학년 아들과 함께 읽어나가고 있다.

30대 후반에 이제야 인문고전 독서를 시작한다는 게 많이 늦었다는 생각이 든다. 다른 사람들은 언제부터 이런 책들을 읽기 시작했을까. 아마 나보다 훨씬 어린 나이부터 독서를 했을 것이다. 하지만 지금이라도 시작하지 않으면 40대도, 50대도 똑같이 무지한 상태로 흘려보낼 것이다. 늦었지만 그래도 시작해보려고 한다. 중요한 건 시작하는 것이라고 스스로를 달래고 있다. 지금까지 전혀 알지 못했던 인문고전의 세계에 발끝이라도 담그게 된 것 자체가 변화라면 변화다. 비록 이해하지 못하는 부분이 대부분이고, 읽는 속도도 느리고, 깊이 있는 사고는 더더욱 어렵지만, 그래도 포기하지는 않으려고 한다.

혼자서는 절대 해낼 수 없을 것 같아서 독서모임에 계속 참여할 생각이다. 다른 분들의 도움을 받아서라도 조금씩 나아지고 싶다. 독서의 황홀한 기쁨을 맛볼 수 있을지는 확신할 수 없지만, 적어도 지금보다는 조금 더 알게 되지 않을까 싶다. 늦었다고 생각해도 괜찮다. 늦었지만 그래도 시작한 것만으로도 충분히 의미가 있다고 믿고 싶다.

저자 추천

'인문고전 입문자를 위한 두 권의 추천도서'

1. 『리딩으로 리드하라』 - 이지성

인문고전 독서를 처음 시작하는 사람들의 마음을 정확하게 꿰뚫어 보고 "아마도 당신은 인문고전이 존재하는지조차 몰랐을 수도 있다."는 이지성 작가의 말처럼 완전 초보자의 현실을 인정하면서도 희망을 제시한다. 특히 '반복독서-필사-사색-황홀한 기쁨-깨달음'의 5단계 독서법은 막막하기만 했던 인문고전 독서에 구체적인 방법을 알려준다.
"인문고전 독서는 언제 시작해도 늦지 않다. 중요한 것은 시작하는 것이다."

2. 『강신주의 감정수업』 - 강신주

감정은 억누르거나 피해야 할 대상이 아니라, 우리 삶을 풍요롭게 만드는 철학적 도구이다. 동서양 철학자들의 지혜를 통해 감정을 올바르게 이해하고 활용하는 방법을 제시한다.
감정을 철학적으로 성찰하고 받아들일 때, 우리는 더 인간다운 삶을 살 수 있다. 감정은 약점이 아니라 우리를 더 깊이 있는 존재로 만드는 힘이다.

잠시 쉬어도 괜찮아

 지난 주말 지인 가족들과 경기도 가평으로 2박 3일 캠핑을 다녀왔다. 모두가 하는 말이 똑같았다. "초복도 아직 한참 남았는데 벌써 이렇게 더우면 7~8월은 어떻게 보내지? 우리야 그렇다 쳐도 아이들이 더워서 힘들겠어." 우리 어른들 걱정보다 아이들 걱정이 먼저 나오는 게 부모의 마음인가 보다.

 시간을 되돌릴 수 없듯이 날씨 역시 우리가 어찌할 수 없는 자연 현상이기에, 이번 여름도 슬기롭게 헤쳐 나가자고 다짐하는 자리였다. 캠핑 내내 아이들은 신나게 물놀이를 하며 더위를 이겨냈고, 어른들은 그늘에 앉아 아이들을 바라보며 여름나기 전략을 논의했다. 평소 도시에서는 경험하기 어려운 자연 속에서의 휴식이었지만, 생각보다 체력 소모가 컸다. 더운 여름을 잘 이겨내자고 다짐은 했지만 막상 집에 돌아와서는 몸이 말을 듣지 않았다. 주말 2박 3일 캠핑 일정과 그 전 5일간 매일 10킬로미터씩 러닝을 한 여파였을까. 점심을 먹고 나니 견딜 수 없을 정도로 피로가 몰려왔다.

평소라면 헬스장 가기, 집안일 처리, 독서, 글쓰기 등을 아이들 하교 전에 모두 끝내놓고, 오후에는 아이들과 보드게임을 하며 시간을 보내곤 했는데 오늘만큼은 도저히 안 되겠다는 생각이 들었다. 몸이 보내는 신호가 너무 분명했다. 평상시라면 '조금만 더 참아보자', '이 정도 피로쯤은 견딜 수 있어', '잠은 죽어서 자는 것이라고 했는데'라며 스스로를 채찍질했을 텐데, 이날만은 정말 한계를 느꼈다. 우선 이 극도의 피로감부터 해소해야겠다는 생각이 들었다.

시계를 보니 1시 30분이었다. 20~30분 정도의 낮잠은 건강에 도움이 된다고 들었던 기억이 났다. 사실 평소에는 낮잠을 거의 자지 않았다. 시간이 아깝다는 생각과 함께 낮잠을 자면 밤에 잠이 안 올까봐 걱정했기 때문이다. 하지만 이날만큼은 그런 걱정보다 몸의 신호에 귀 기울이기로 했다. 30분 후에 울리도록 알람을 설정하고 잠옷으로 갈아입은 뒤 침대에 누웠다. 눕자마자 잠이 들었는데 마치 10초도 안 된 것 같은 기분으로 알람 소리가 들렸다. 숙면을 취했다는 생각이 들었다. 30분이 지났음에도 더 누워있고 싶은 마음이 들었다. '그래, 매일 이렇게 낮잠을 자는 것도 아니고 오늘은 좀 더 쉬어보자'는 마음으로 스마트폰을 멀리 치워두고 다시 눈을 감았다.

평소 같으면 알람이 울리면 즉시 일어나서 계획된 일들을 처리해야 한다는 강박에 사로잡혔을 텐데, 이날은 그런 강박을 내려놓을 수 있었다. 다시 깨어 시계를 확인하니 3시였다. 정말 개운했다. 이제 아이들을 만나기까지 1시간이 남은 상황이었다. 원래 계획대로라면 이 시간에는 이미 여러 가지 할 일들을 마무리해놨어야 했는데, 그냥 푹 쉬어버렸다. 놀랍게도 죄책감이 전혀 들지 않았다. 빨래 개는 일이나 기타 집안일들은 아이들이 있을 때 해도 되니까 전혀 문제될 게 없었다. 운동도 오전에 수영을 다녀온 것으로 충분하고, 저녁에 집에서 간단한 스트레칭이나 홈 트레이닝을 하면 될 일이었다.

사실 하지 않아도 누구 하나 뭐라고 할 사람은 없는 일들이었다. 그럼에도 나 혼자서 계획을 세우고 '어떻게든 해내야 해'라며 조바심을 내고 있었던 것이다. 굳이 그럴 필요가 없다는 걸 깨달았다. 스스로에게 너무 가혹했던 것 같다. 이후 이틀 연속으로 정말 달콤한 1시간 낮잠을 경험했다. 평소 낮잠을 거의 자지 않던 내게는 완전히 새로운 경험이었다. 더운 여름철이 되면 아내가 늘 하는 말이 있다. "신랑은 몸에 열이 많아서 여름을 특히 힘들어해." 아내의 말을 들으니 여름철 낮잠이 단순한 게으름이 아니라 몸이 필요로 하는 휴식일 수도 있겠다는 생각이 들었다.

아리아나 허핑턴은 『수면 혁명』에서 충분한 수면이 게으름이 아니라 성과 향상을 위한 투자라고 주장했다. 돌이켜보니 평소 나는 지나치게 촘촘한 계획을 세우고, 그 계획을 지키지 못하면 스스로를 다그치는 일이 많았다. 마치 기계처럼 정해진 시간에 정해진 일을 반드시 해내야 한다는 강박에 사로잡혀 있었던 것 같다. 하지만 사람은 기계가 아니다. 컨디션이 좋은 날도 있고 나쁜 날도 있으며, 날씨의 영향을 받기도 하고, 때로는 그냥 쉬고 싶을 때도 있다. 그런 자연스러운 감정과 몸이 보내는 신호를 무시한 채 억지로 버티려고만 했던 건 아닌가 싶다.

사실 주변을 둘러보면 나보다 바쁜 사람들이 훨씬 많다. 직장에 다니면서 육아까지 병행하는 부모들, 여러 프로젝트를 동시에 진행하는 프리랜서들을 보면 나는 오히려 여유 있는 편에 속한다. 그런데도 스스로에게 너무 많은 것을 요구하고 있었던 것 같다. 완벽한 하루를 보내야 한다는 압박감, 계획한 모든 것을 반드시 실행해야 한다는 강박이 오히려 나를 더 피곤하게 만들고 있었다.

날씨 때문이든 인간관계의 어려움 때문이든 힘들고 지칠 때는 잠시 쉬어도 괜찮다. 잠깐 쉬어간다고 해서 큰일이 벌어지지는 않는다. 컨디션을 충전한 후 다시 일어나서 달려 나가면 된다. 아니, 달리지 않아도 된다. 적당한 속도로 걷기만 해도 충분하다. 완벽하게 계획을 지켜내지 못해도 괜찮고, 때로는 몸이 원하는 대로 쉬어도 괜찮다. 그런 여유로움과 자기 자신에 대한 이해야말로 오히려 더 건강한 삶을 만들어가는 방법이 아닐까 싶다.

잠시 쉬어도 괜찮다. 그것 역시 나를 사랑하는 방법 중 하나다.

아이와 놀아주는 게 어려워도 괜찮아

 첫째가 초등학교 1학년이 되었다. 7년이라는 시간을 함께 보냈지만 여전히 이 작은 인간을 완전히 이해했다고 말할 수는 없다. 어제까지 열광했던 놀이를 오늘은 "시시해"라며 외면하기도 하고, 평소 하지 않던 말을 갑작스럽게 내뱉어 당황시키기도 한다. 아이의 속마음이 어떻게 흘러가는지, 지금 이 순간 무엇을 바라고 있는지 정확히 파악하기란 쉽지 않다.

 우리 집 거실 한쪽에는 바둑판과 체스판이 늘 자리하고 있다. 아들이 "아빠, 바둑 두자"라고 제안하면 기꺼이 그 자리에 앉는다. 처음에는 제대로 된 바둑을 가르쳐

주겠다는 생각으로 시작했는데, 아이는 정해진 규칙보다 자신만의 방식으로 돌을 배치하고 싶어 한다. "아빠, 이렇게 놓으면 안 돼요?" 하며 예상치 못한 자리에 돌을 올려놓거나, 갑자기 여러 개를 한꺼번에 가져가기도 한다.

처음에는 "바둑은 원래 이런 식으로 하는 거야"라며 규칙을 설명하려 했지만, 아이는 금세 흥미를 잃었다. 지금은 아이가 원하는 방식으로 놀도록 내버려둔다. 정통 바둑은 아니지만, 아이는 즐겁게 돌을 놓으며 자신만의 이야기를 만들어낸다. 체스 역시 비슷하다. 아이는 말들의 이동 규칙보다는 모양새와 이름에 더 큰 관심을 보인다. "아빠, 이 말은 왜 나이트라고 부르는 거예요?" "킹이 진짜 왕인가요?" 같은 질문들을 쏟아낸다. 간혹 체스 말들로 완전히 다른 놀이를 하자고 제안하기도 한다. 말들을 일렬로 세워놓고 전투놀이를 벌이거나, 블록 쌓기처럼 활용하기도 한다.

30대 후반 어른의 입장에서는 "제대로 된 게임"을 하고 싶지만, 아이에게는 그 모든 순간이 소중한 놀이 시간이다. 보드게임을 할 때는 이런 차이가 더욱 선명하게 드러난다. 아이들 기분이 좋을 때는 모든 것이 순조롭다.

함께 웃고 떠들며 게임을 만끽한다. 하지만 게임이 자신에게 불리하게 흘러가거나, 규칙을 제대로 이해하지 못해 실수를 저지르면 순식간에 분위기가 바뀐다. "이 게임 재미없어!" "아빠가 일부러 이기려고 하는 거 아니에요?" 하며 삐지기 시작한다.

그러면 나도 모르게 "게임은 규칙을 지켜야 하는 법이야", "이기고 지는 건 당연한 거지" 같은 어른의 논리를 내세운다. 그 순간 아이의 얼굴이 시무룩해지는 걸 보며 '아, 또 어른 티를 냈구나. 좀 봐줄 걸 그랬나' 하고 뒤늦게 후회한다. 이런 실랑이가 반복되다 보면 스스로에게 실망할 때가 있다. '왜 아이 수준에 맞춰주지 못하는 걸까', '다른 아빠들은 어떻게 그렇게 자연스럽게 놀아주는 걸까' 하는 생각이 든다. SNS에서 보는 아빠들은 아이와 신나게 놀아주는 모습이 참 자연스러워 보인다. 레고로 웅장한 성을 쌓거나, 아이와 함께 애니메이션 캐릭터 흉내를 내며 역할극을 펼치는 장면들을 보면 부럽기도 하다.

곰곰이 생각해보니, 아이들과 함께하는 시간 그 자체가 가장 소중한 것 같다. 게임의 승패나 놀이의 완성도보다 중요한 것은 그 시간 동안 같은 공간에서 함께한다는 것이다. 아이가 웃을 때 나도 덩달아 웃게 되고, 아이가 신기해할 때 나도 그 순간을 함께 경험한다. 이런 순간들이야말로 진정한 의미가 있는 것이 아닐까. 비록 완벽한 놀이 파트너는 되지 못하더라도, 아이 곁에서 함께 있어주는 것만으로도 충분한 의미가 있다는 생각이 든다.

저녁시간 아이들에게 책을 읽어주는 일은 우리 가족의 소중한 일과가 되었다. 아이들이 침대에 누우면 나는 그 사이에 자리를 잡고 책을 펼친다. 처음에는 단순히 활자를 소리 내어 읽는 것에만 집중했는데, 아이들의 반응을 지켜보면서 점차 감정을 담아 읽게 되었다. 등장인물마다 각기 다른 목소리를 만들어보려 노력하고, 아이들이 재미있어할 만한 대목에서는 의도적으로 과장해서 표현한다. 아직 전문 성우 수준은 아니지만, 아이들은 내가 읽어주는 책을 좋아한다. "아빠가 읽어주는 게 제일 재밌어. 더 읽어줘", "우리 집에서 책읽어주는 사람은 아빠야"라는 말을 들으면 정말 뿌듯하다. 힘들고 졸려도 읽어내야 한다.

목욕 시키는 일도 나의 담당이다. 아이들을 씻겨주면서 하루 동안 있었던 일들을 나눈다. 샴푸 거품으로 아이 머리에 뿔을 만들어주면 아이들은 깔깔거리며 웃는다. 거울을 보며 "아빠, 나 뭐 같아? 유니콘 같지? 아빠도 해봐" 하며 즐거워한다. 가끔 비누가 눈에 들어가 울기도 하고, 물장난을 하다가 화장실을 온통 물바다로 만들어 놓기도 하지만, 그런 작은 소동들마저 시간이 지나면 좋은 추억이 된다.

놀이터에서 함께 뛰어놀 때도 마찬가지다. 그네를 밀어주고, 시소를 함께 타고, 미끄럼틀을 같이 내려온다. 30대 후반의 체력으로 아이들과 함께 뛰어다니다 보면 금세 숨이 가빠진다. 하지만 아이들이 즐거워하는 모습을 보면 피로감도 잊게 된다. 놀이터에서 우리만의 루틴이 있다. 집에 가기 전 '무궁화 꽃이 피었습니다.', 줄넘기를 활용한 전깃줄 단계별 미션, 시곗바늘 놀이 등을 모두 마쳐야 집에 갈 수 있다.

가끔 아들과 딸이 나에게 말한다. "아빠는 뭐든 다 해주는 아빠야." 무슨 뜻인지 물어보니, "책도 읽어주고, 놀아주고, 씻겨주고 다 해주니까"라고 답한다. 그 순간 가슴이 뭉클해졌다. 내가 부족하다고 여겼던 것들이 아이에게는 모두 소중한 경험이었던 것이다. 다른 날에는 "아빠랑 있으면 편하고 재밌어"라고 말해주었다. '편하다'는 표현이 특히 마음에 와 닿았다. 아이가 나와 함께 있을 때 편안함을 느낀다니, 이보다 더 좋은 칭찬이 어디 있겠는가.

물론 여전히 어려운 순간들이 많다. 아이가 갑자기 떼를 쓸 때, 내 말을 듣지 않을 때, 남매끼리 다툴 때 어떻게 대처해야 할지 막막하다. 엄마만큼 세심하게 아이의 감정을 읽어내지 못할 때도 있고, 적절한 순간에 적절한 말을 건네지 못할 때도 있다. 그래도 괜찮다. 완벽한 아빠가 되려고 무리할 필요는 없다는 생각이 든다.

중요한 건 아이들과 함께 있으려고 노력하는 것, 그리고 아이들의 이야기에 귀를 기울이려고 하는 것이다. 비록 서툴고 부족하더라도, 아이들은 아빠가 자신들을 위해 시간을 내고 관심을 보여주는 것 자체를 고마워한다. 게임을 할 때 규칙을 완벽하게 지키지 못해도, 책을 읽어줄 때 목소리 연기가 어색해도, 놀아줄 때 어른다운 모습이 드러나도 괜찮다.

아이들이 바라는 것은 완벽한 아빠가 아니라 자신들과 함께 있어 주고, 사랑해 주는 아빠이니까.

아이와 놀아주는 게 어려워도 괜찮다. 7년을 함께 살아도 아이를 완전히 이해하지 못해도 괜찮다. 중요한 건 매일 아이들과 함께 조금씩 배워가는 것이다. 아이들이 성장하는 만큼 나도 아빠로서 조금씩 성장해 가면 된다. 완벽하지 않은 아빠지만, "아빠랑 있으면 편하고 재밌다"는 아이들의 말 속에서 나만의 아빠 역할을 찾아가고 있다.

아빠가 육아휴직해도 괜찮아

 육아휴직을 신청한다고 했을 때 주변 반응은 엇갈렸다. "요즘 아빠들은 육아휴직을 하는구나.", "부럽다, 나도 한번 해볼걸 그랬나?", "경제적으로 괜찮아?", "부서는? 승진은?" 등 다양한 반응이 돌아왔다. 솔직히 나 역시 처음에는 많은 고민이 있었다. 남자가 육아휴직을 하는 것에 대한 사회적 시선이 어떨지, 직장에서의 눈치는 보지 않아도 될지, 경제적인 부담은 없을지 걱정이 앞섰다. 아내와 진지하게 대화를 나눈 후 결정했다. 아이들이 어릴 때 함께 보낼 수 있는 시간은 지나가면 다시 돌아오지 않는다는 생각 때문이었다.

육아휴직을 시작한 첫 주는 정말 어색했다. 평일 오전에 집에 있다는 것 자체가 낯설었다. 처음에는 '과연 내가 잘할 수 있을까' 하는 불안감이 들었다. 아이들 밥 챙겨주기, 옷 입히기, 어린이집 데려다주기 등 평소 아내가 척척 해내던 일들을 내가 해야 한다는 부담감이 컸다.

첫날에는 아침에 아이들을 깨우는 것부터 시행착오였다. 몇 시에 깨워야 하는지, 어떤 옷을 입혀야 하는지, 아침 식사는 무엇을 준비해야 하는지 모든 것이 새로웠다. 아내가 평소에 얼마나 많은 일들을 섬세하게 처리하고 있었는지 그때서야 제대로 느꼈다. 아이들 하나하나의 취향과 기분을 파악하고, 그에 맞춰 하루 일과를 조정하는 것이 얼마나 고도의 기술인지 몰랐던 것이다.

시간이 지나면서 점차 익숙해졌다. 아이들의 패턴을 파악하게 되었고, 각자 좋아하는 음식이나 놀이가 무엇인지 더 자세히 알게 되었다. 무엇보다 아이들이 너무나 좋아했다. "아빠가 집에 있어서 좋아!", "아빠랑 계속 놀 수 있어서 재밌어!" 하는 말을 들을 때마다 육아휴직을 결정한 것이 정말 잘한 일이라는 생각이 들었다. 평소에는 퇴근 후 저녁 시간과 주말에만 만날 수 있었는데, 이제는 하루 종일 함께 있을 수 있으니 아이들 입장에서는 얼마나 좋을까. 특히 첫째가 "아빠, 오늘도 집에 있지?"라고 매일 아침 확인하는 모습을 보면서, 아이에게 안정감을 주고 있다는 것을 실감했다.

육아휴직 기간 동안 아이들과 많은 추억을 만들었다. 아이들이 좋아한다는 캠핑도 육아휴직 기간에 시작했다. 주중에는 아이들과 공원 놀이터에서 시간을 보내고, 주말에는 온 가족이 함께 시간을 보낼 수 있어 더욱 알찬 시간을 보낼 수 있었다. 첫째가 줄넘기를 처음 할 때, 둘째가 지치지 않고 킥보드를 타는 그 순간들을 놓치지 않고 함께할 수 있었던 것은 정말 큰 행운이었다.

무엇보다 아이들의 일상을 더 깊이 이해할 수 있게 되었다. 평소에는 몰랐던 아이들의 작은 습관들, 좋아하는 것들, 싫어하는 것들을 발견할 수 있었다. 첫째는 아침에 일어나자마자 안방 화장실을 이용한다는 것, 둘째는 잠들기 전에 반드시 엄마 배를 만지면서, 인형을 안고 자야 한다는 것 같은 소소한 것들 말이다. 이런 것들을 알게 되니 아이들을 더 잘 이해할 수 있게 되었고, 아이들도 나를 더 편하게 여기는 것 같았다.

육아휴직이 나에게만 좋은 것은 아니었다. 아내에게도 큰 도움이 되었다. 평소 육아와 가사일을 거의 도맡아 담당하던 아내가 조금이나마 부담을 덜 수 있게 되었다. 아내가 출근할 때 "오늘도 부탁해"라고 말하는 모습을 보면서, 내가 이 역할을 하는 것이 우리 가족 전체에게 도움이 된다는 확신이 들었다.

물론 쉽지만은 않았다. 하루 종일 아이들과 함께 있다 보니 때로는 지칠 때도 있었다. 아이들이 말을 듣지 않거나 떼를 쓸 때는 어떻게 대처해야 할지 막막한 순간들도 있었다. 집안일과 육아를 동시에 해야 하니 생각보다 체력적으로 힘든 날들도 많았다. 그럴 때마다 평소 아내가 얼마나 고생했을지 새삼 깨달았다.

특히 두 아이가 동시에 울거나 싸울 때는 정말 당황스러웠다. 하지만 이런 경험들도 나에게는 소중한 배움이었다. 인내심이 늘어났고, 아이들을 다루는 요령도 생겼다. 완벽하게 해내지 못해도 괜찮다는 것을 배웠다. 육아휴직 기간은 나에게 소중한 시간이었다. 아이들과 더 가까워질 수 있었고, 아빠로서의 역할에 대해 더 깊이 생각해볼 수 있었다. 무엇보다 아이들이 행복해하는 모습을 보는 것만으로도 충분히 의미 있는 시간이었다.

육아휴직 기간 동안 나 자신만의 시간도 어느 정도 확보할 수 있었다. 아이들이 어린이집에 간 시간이나 놀이 시간을 활용해서 독서를 하거나 글을 쓸 수 있었다. 오히려 회사에 다닐 때보다 개인 시간을 더 효율적으로 활용할 수 있었던 것 같다.

경제적인 부담도 생각보다 크지 않았다. 육아휴직급여가 있어서 생활하는 데 큰 어려움은 없었고, 오히려 외식비나 교통비 등이 줄어서 지출이 감소한 면도 있었다. 무엇보다 아이들과 함께 보내는 시간의 가치를 돈으로 환산할 수는 없는 일이었다.

주변 사람들 중에는 "남자가 육아휴직을 하면 경력에 손해 아니야?"라고 걱정해주는 분들도 있었다. 하지만 나는 오히려 이 경험이 나에게 플러스가 될 것이라고 생각한다. 육아를 직접 경험해보면서 아이들을 더 잘 이해할 수 있게 되었고, 학교전담경찰관 업무에도 도움이 될 것 같다. 위기청소년들을 만날 때 그들의 가정환경을 더 깊이 이해할 수 있고, 부모들과 상담할 때도 더 공감할 수 있을 것이다.

가끔 다른 아빠들이 육아휴직에 대해 조언을 구하는 경우가 있다. 그럴 때마다 나는 주저하지 말고 도전해보라고 말한다. 물론 각 가정의 상황이 다르기 때문에 모든 사람에게 맞는 선택은 아닐 수 있다. 하지만 가능한 상황이라면 정말 추천하고 싶은 경험이다.

아빠가 육아휴직을 한다는 것은 단순히 아이를 돌보는 것 이상의 의미가 있다. 가족 구성원 모두에게 새로운 경험과 성장의 기회를 제공한다. 아이들에게는 아빠와 더 많은 시간을 보낼 수 있는 기회를, 아내에게는 육아 부담을 나눌 수 있는 기회를, 그리고 나에게는 아빠로서 더 성장할 수 있는 기회를 준다. 처음에는 서툴고 실수투성이였지만, 그것도 괜찮았다. 완벽한 육아는 없다는 걸 배웠다. 걱정과 고민이 있을 수 있지만, 생각보다 큰 일이 발생하지 않는다. 오히려 예상보다 훨씬 좋은 경험이 될 가능성이 높다.

사회적 편견이나 경력에 대한 걱정보다는 가족과 함께할 수 있는 소중한 시간에 더 집중하면 된다고 생각한다. 아빠가 육아휴직해도 괜찮다. 아니, 괜찮은 정도가 아니라 정말 좋은 선택이 될 수 있다.

3장

느린 성장, 작은 변화, 괜찮아

방황해도 괜찮아

"지향하는 한 방황한다."

- 괴테

사람들은 흔히 방황을 20대만의 특권인 양 여긴다. 대학에서 진로를 정하지 못해 헤매거나, 사회 초년생이 되어 자신의 길을 찾지 못해 우왕좌왕하는 모습을 보며 '젊을 때 한 번쯤은 방황하는 법이지'라고 말한다. 하지만 정말 그럴까. 방황은 나이와 상관없이 인생의 모든 순간에 찾아온다. 30대에도, 40대에도, 50대에도, 아니 마지막 숨을 거둘 때까지 우리는 끊임없이 고민하고 선택하며 때로는 길을 잃기도 한다. 그것은 전혀 부끄러운 일이 아니다. 오히려 더 나은 내일을 위한 성장의 과정이다.

나 역시 지금까지 수없이 많은 방황과 고민의 순간들

을 겪어왔다. 사범대 국어교육과를 졸업하고 나서 진로를 결정해야 했을 때가 그랬다. 학창시절에 교사가 되고 싶었다. 아이들과 함께하는 시간이 좋았고, 무언가를 가르치고 전달하는 일보다는 아이들과 소통할 때 보람을 느꼈다. 단순히 학업 성적 향상보다는 인생을 더 재미있고 의미 있게 살아가는 방법을 전해주고 싶었다.

하지만 현실은 냉혹했다. 임용고시 정교사 TO가 턱없이 부족했다. 돌이켜보면, 한번이라도 도전해봤으면 어땠을까 싶기도 하다. 24세 어린 나이에 생각이 짧았던 탓도 있다. 혹은 군대 제대 후에도 정신을 차리지 않고 계획 없이 노느라 정신이 없었다. 그런 상황에서 몇 년을 준비해도 될지 안 될지 알 수 없는 시험에 발을 담구고 싶지 않았던 것 같다. 그때 나는 정말 많이 고민했다. 내가 원하는 길을 끝까지 고집할 것인가, 아니면 현실적인 선택을 할 것인가. 밤새도록 고민하고 또 고민했다.

결국 나는 임용고시를 포기했다. 임용고시 관련 인터넷 강의나 교재 하나도 구입하지 않았다. 교사가 되고 싶은 마음이 컸음에도 '어떻게 그렇게 깔끔하게 시작조차 하지 않았을까' 싶을 정도로 단호하게 결정했다. 이후의 방황은 경찰공무원과 소방공무원 중에서 다시 선택의 기로에 서는 것이었다. 이때도 방황의 연속이었다. 어떤 것이 나의 적성에 더 맞을까. 어떤 길이 더 의미 있는 일일까. 가족들과 상의하고, 인터넷을 뒤져가며 정보를 수집했다.

가족의 추천으로 경찰공무원을 선택했고, 지금 이렇게 10년간 경찰 생활을 하고 있다. 하지만 그 선택이 끝은 아니었다. 경찰이 된 후에도 끊임없이 고민했다. 내가 이 일을 제대로 하고 있는가. 위기청소년들과 학교폭력 피해자들에게 진정 도움이 되는 일을 하고 있는가. 때로는 내가 선택한 길이 맞는지 의구심이 들기도 했다.

결혼하고 아이들이 생기면서 또 다른 방황이 시작되었다. 내가 남편으로서 잘하고 있는지, 아빠로서 아이들에게 좋은 아빠인지 눈을 뜨며 하루를 시작하고 잠들 때까지 고민하는 순간들이 찾아왔다. 아이에게 화를 내고 나서 후회하는 밤, 육아와 일 모두 놓치고 싶지 않았던 날들. 이 모든 것들이 방황의 연속이었다.

30대 후반이 된 지금도 여전히 고민한다. 작가가 되고 싶다는 꿈을 계속 추구할 것인가, 현재의 안정적인 직장에 만족하며 살 것인가. 아이들이 원하는 아빠의 모습과 내가 되고 싶은 아빠의 모습 사이에서 어떻게 균형을 찾을 것인가. 이런 고민들은 20대 때의 그것과는 다른 무게감을 갖고 있지만, 본질적으로는 같다. 더 나은 사람이 되고 싶다는 마음, 올바른 선택을 하고 싶다는 간절함에서 나오는 것들이다.

40대, 50대의 지인들을 보면 그들 역시 여전히 방황하고 있다는 걸 느낀다. 아이들이 대학에 가고 나서 허전함을 느끼는 부모들, 정년을 앞두고 은퇴 후의 삶을 고민하는 사람들, 건강에 적신호가 켜지면서 인생의 우선순위를 다시 정리하려는 이들. 나이가 들수록 고민의 주제는 바뀌지만 방황 자체는 사라지지 않는다. 오히려 더 깊어지고 복잡해진다. 그리고 그것이 자연스러운 일이다.

릴케는 『젊은 시인에게 보내는 편지』에서 "질문들과 함께 살아가십시오. 지금은 답을 줄 수 없는 질문들을 사랑하십시오."라고 했다. 방황한다는 것은 현재 상황에 안주하지 않고 더 나은 방향을 찾으려고 노력한다는 뜻이다. 내가 지금 잘하고 있는지, 내가 가고자 하는 방향이 맞는지에 대해 고민하는 행위 자체가 성장의 증거다. 고민 없이 사는 사람은 없다. 고민이 없다면 그것이 오히려 문제일지도 모른다.

물론 방황의 시간이 쉽지는 않다. 불안하고 막막하다. 답이 보이지 않는 미로 속을 헤매는 기분이 들 때도 있다. 하지만 그 시간들이 모여서 우리를 더 단단하고 지혜로운 사람으로 만든다. 임용고시를 포기하고 경찰공무원이 된 선택이 지금의 나를 만들었다. 학교전담경찰관으로 일하면서 많은 아이들을 만나고, 그 경험을 바탕으로 책을 쓸 수 있었다. 당시에는 힘들었던 선택이 돌이켜보면 최선의 선택이었던 것이다.

남편과 아빠로서의 고민들도 마찬가지다. 완벽한 남편, 완벽한 아빠는 없다. 하지만 더 나은 남편, 더 나은 아빠가 되기 위해 고민하고 노력하는 과정에서 진짜 성장이 일어난다. 방황은 우리에게 선택의 기회를 준다. 어떤 길을 갈 것인지, 어떤 사람이 될 것인지 끊임없이 선택하며 살아가는 것이 인생이다.

나 역시 지금도 많은 것들이 확실하지 않다. 지금 하고 있는 일이 과연 내가 가장 잘할 수 있는 일인지, 아이들에게 올바른 방향을 제시하고 있는지, 가족에게 좋은 남편이자 아빠인지 여전히 의문이 든다. 답을 알 것 같다가도 다시 흔들리고, 확신했던 것들이 다시 의심스러워진다. 하지만 이제는 그런 불확실함을 받아들이려고 한다. 모든 것에 명확한 답이 있는 것은 아니라는 걸 배웠다. 때로는 그냥 걸어가면서 길을 찾아야 하는 경우도 있다. 완벽한 계획이 없어도, 확실한 목표가 보이지 않아도 일단 한 걸음씩 내딛는 것이다.

그러니까 방황해도 괜찮다. 20대든 30대든 40대든 50대든 마지막 순간이든 상관없이 고민하고 헤매는 것은 자연스러운 일이다. 중요한 것은 그 과정에서 포기하지 않는 것이다. 답이 바로 보이지 않아도, 길이 명확하지 않아도 한 걸음씩 나아가는 것이다. 모든 방황에는 의미가 있고, 모든 고민에는 가치가 있다. 우리가 방황하는 시간들이 모여서 더 밝은 미래를 만들어간다. 완벽한 답을 찾지 못해도 괜찮고, 때로는 잘못된 선택을 할 수도 있다. 그것도 모두 성장의 과정이다.

방황 속에서도 희망을 잃지 않고, 더 나은 내일을 위해 고민하는 우리 모두가 이미 충분히 잘하고 있다.

방황해도 괜찮다. 그것이 성장의 증거니까.

저자 추천

'방황하는 나를 위한 두 권의 추천도서'

'포기하지 않으면 반드시 길이 있다.'는 희망의 메시지 전달

1. 『회복탄력성』 - 김주환

회복탄력성을 감정조절력, 충동통제력, 낙관성, 원인분석력, 공감능력, 자기효능감, 적극적 도전정신의 7가지 요소로 나누어 체계적으로 설명한다.
"넘어지는 것은 실패가 아니다. 넘어진 자리에 그대로 머무르는 것이 실패다."

2. 『그릿 GRIT』 - 안젤라 더크워스

재능보다는 그릿(Grit), 즉 열정과 끈기가 성공을 좌우한다. 그릿은 타고나는 것이 아니라 기를 수 있다는 점입니다. 관심사를 발견하고, 의도적으로 연습을 하고, 목적의식을 갖고, 희망을 잃지 않는 4단계를 통해 누구나 그릿을 개발할 수 있다.
"재능은 노력이 기술이 되도록 하고, 노력은 기술이 성취되도록 한다."

나만 생각해도 괜찮아

 우리는 언제부터 자신을 돌보는 것이 이기적인 일이라고 여기게 되었을까. 타인의 시선을 의식하느라 정작 가장 소중한 나 자신을 제대로 들여다보지 못하고 살아가고 있는 건 아닐까. 어렸을 때부터 "남을 먼저 배려해야 한다.", "겸손해야 한다."는 말들을 들으면서 자연스럽게 나보다는 다른 사람의 눈치를 보며 살게 된 것 같다. 물론 이런 가르침들이 완전히 잘못된 것은 아니다. 하지만 언제부터인가 이런 말들이 나 자신을 소홀히 하는 핑계가 되어버린 것 같다.

 스마트폰을 통해 언제든 누군가와 연결될 수 있는 시

대가 되었지만, 역설적으로 우리는 점점 더 외롭고 소외된 느낌을 받는다. SNS에 올린 게시물에 '좋아요'가 몇 개나 달렸는지 확인하고, 다른 사람들의 화려한 일상을 보며 나의 평범한 하루를 초라하게 느낀다. 이런 과정에서 점점 더 타인의 시선에 민감해지고, 남들에게 어떻게 보일지를 먼저 생각하게 된다.

이런 과정에서 정작 내가 무엇을 원하는지, 무엇이 나를 행복하게 하는지는 뒤로 밀려난다. 나조차도 내가 진짜 좋아하는 것이 무엇인지, 진짜 하고 싶은 것이 무엇인지 모르게 되는 경우가 많다. 다른 사람들이 좋다고 하는 것, 유행하는 것, 인정받을 만한 것들만 쫓아가다 보니 정작 내 마음의 소리는 들리지 않게 된 것이다.

생각해 보면 참 아이러니하다. 내가 뭔가 실수를 했을 때, 다른 사람들이 어떻게 생각할까 봐 밤잠을 설치지만 정작 그 사람들은 그런 일이 있었는지도 기억하지 못한다. 내가 분위기에 맞지 않는 옷을 입었나, 회의 때 말 한마디를 잘못했나, 그 상황에서의 행동이 이상했나? 끊임없이 되돌아보며 자책하지만, 상대방은 이미 그 순간을 잊고 자신의 일상으로 돌아갔다. 이렇게 타인의 시선에 매몰되어 살다 보면 정작 나 자신의 목소리를 듣지 못하게 된다. 내가 스스로에게 관심을 기울이는 시간보다 다른 사람들이 나를 어떻게 볼지 걱정하는 시간이 훨씬 많아진다. 나 자신과는 점점 멀어지고, 나조차도 나를 잘 모르는 상태가 되어버린다.

나를 돌보는 것은 결코 이기적인 일이 아니다. 오히려 나 자신을 제대로 돌보지 못하면 다른 사람을 진정으로 돌볼 수도 없다. 비행기 안전수칙에서 산소마스크를 먼저 자신이 착용한 후 다른 사람을 도우라고 하는 것처럼, 내가 먼저 평안하고 건강해야 다른 사람에게도 진정한 도움을 줄 수 있다.

내가 지치고 힘들어하는 상태에서 다른 사람을 배려한다는 것은 진짜 배려가 아니라 억지로 하는 행위일 뿐이다. 그런 배려는 오래갈 수도 없고, 진심이 담기기도 어렵다. 반면 나 자신을 잘 돌보고 마음에 여유가 있을 때의 배려는 자연스럽고 진심이 담긴다. 그러니 굳이 억지로 착한 사람, 좋은 사람 이미지로 보이려고 애쓰지 말자. '나다움', '나답게' 사는 것을 추구해보자. 내가 좋아하는 것이 무엇인지, 내가 진정으로 원하는 것이 무엇인지 스스로에게 질문해보자. 다른 사람들이 어떻게 생각할지 걱정하기보다는 내가 어떻게 느끼는지에 더 집중해보자.

이것이 쉬운 일은 아니다. 오랫동안 습관처럼 타인의 시선을 의식하며 살아왔기 때문에 갑자기 나 자신에게 집중하는 것이 어색할 수도 있다. 하지만 조금씩이라도 시도해볼 가치가 있다. 작은 것부터 시작해보자. 오늘 점심 메뉴를 정할 때, 다른 사람들이 뭘 먹고 싶어 할지 먼저 생각하지 말고, 내가 진짜 먹고 싶은 것이 무엇인지 생각해보는 것부터 말이다.

물론 사회생활을 하면서 타인과의 관계도 중요하고, 어느 정도의 배려와 양보는 필요하다. 하지만 그것이 나 자신을 희생시키면서까지 해야 할 일은 아니다. 건강한 관계는 서로를 존중하는 관계다. 내가 나를 존중할 때 다른 사람도 나를 존중하게 된다. 반대로 내가 나를 하찮게 여기면 다른 사람들도 나를 하찮게 여기게 된다. 나만 생각하는 시간이 필요하다. 하루 중에서 오롯이 나를 위한 시간을 만들어보자. 책을 읽거나, 좋아하는 음악을 듣거나, 산책을 하거나, 땀 흘리며 운동을 하거나, 그냥 멍하니 있는 시간이어도 좋다.

그 시간 동안에는 다른 사람의 시선이나 평가는 잠시 내려놓고 나 자신과 대화해보자. 내가 지금 어떤 기분인지, 무엇이 나를 힘들게 하는지, 무엇이 나를 기쁘게 하는지 솔직하게 들여다보자. 이런 시간이 쌓이다 보면 점점 더 나다운 선택을 할 수 있게 된다. 타인의 기준이 아닌 나만의 기준으로 살아갈 수 있게 된다. 처음에는 나만의 기준이 무엇인지 잘 모를 수도 있다. 하지만 계속해서 나 자신과 대화하다 보면 차츰 명확해질 것이다. 완벽하게 나를 이해할 필요도 없고, 완벽한 기준을 세울 필요도 없다. 조금씩 천천히 알아 가면 된다.

완벽한 사람은 없고, 모든 사람을 만족시킬 수도 없다. 그러니 모든 사람에게 좋은 사람으로 보이려고 애쓰지 말자. 대신 나 자신에게 정직하고 성실한 사람이 되자. 나 자신을 사랑하고 존중하는 사람이 되자. 그것이 결국 다른 사람들과도 더 건강한 관계를 맺을 수 있는 출발점이 된다. 나만 생각해도 괜찮다. 그것은 이기적인 게 아니라 나답게 살기 위한 첫 번째 단계다.

그 누가 뭐라 해도 괜찮아

"타인은 지옥이다"

- 사르트르

　우리는 매일 수십 번씩 비교하며 산다. 온라인 쇼핑을 하다 보면 비슷한 제품인데도 가격이 천차만별이고, 같은 부모에게서 태어난 형제자매조차 정반대 성향을 보며 '어떻게 이렇게 다를 수가 있지?' 싶을 때가 있다. 비교는 우리 일상의 자연스러운 일부가 되어버렸다. 살다 보면 누군가는 '누가 더 일을 잘하네.', '누가 더 성공했네.'라며 비교를 즐기기도 하고, 반대로 다른 이와 비교당하며 한마디에도 상처받는 사람들도 있다. 나 역시 어릴 때는 비교당하면 속상하고 화가 났었다.

　시간이 지나며 하나 깨달은 게 있다. 누군가 나를 비교

대상으로 삼는다는 것은, 그만큼 나에게 관심을 기울였다는 뜻이기도 하다는 것을. 물론 모든 비교가 의미 있는 건 아니다. 억지로 끼워 맞추는 식의 비교에는 굳이 에너지를 쓸 이유가 없다. 지난 주말 20년 된 고등학교 친구들과 만났다. 한 친구가 "운동하는 사람들은 패션도 운동화도 다 비슷해지는 건가?"라며 장난을 쳤다. 예전 같으면 괜히 발끈했을 텐데, 이제는 그냥 웃어넘긴다. 놀리는 사람도 상대가 흥미로운 반응을 보이지 않으면 재미없어한다는 걸 알기 때문이다.

요즘 청소년들을 보면 안타까울 때가 많다. SNS를 통한 언어폭력이 늘고 있는데, 어른이 보기엔 별것 아닌 말도 아이들에겐 깊은 상처가 된다. 신체적 상처는 시간이 지나면 낫지만, 마음의 상처는 보이지도 않고 치유도 쉽지 않다. 그럴 때마다 생각한다. 인생을 살면서 자신을 믿어주는 사람이 단 한 명만 있어도 얼마나 다를까. 헬렌 켈러의 말처럼 "혼자서 할 수 있는 일은 작지만, 함께라면 우리는 큰일을 할 수 있다."는 게 정말 맞는 것 같다. 그런 존재가 없다는 현실이 참 안타깝다.

물론 믿을 만한 사람이 없다고 마냥 힘들어할 수만은

없다. 스스로 단단해져야 한다. 하지만 아직 무딘 10대 아이들에게 스스로 강해지라는 말은 가혹해 보인다. 혼자서 힘들다면 올바른 어른의 도움을 받아서라도 단단해져야 한다는 말이다. 이상적으로는 그 어른이 부모나 가족이면 좋겠지만, 현실이 늘 그렇지는 않다는 것도 안다. 그래도 힘들 때 의지할 수 있고 진심을 털어놓을 수 있는 사람은 한 명이라도 있어야 한다. 딱 한 명만 있으면 된다.

나이가 들면서 깨달은 소중한 진실이 있다. 다른 사람의 말에 상처받느라 시간을 낭비할 바에, 나를 믿어주는 사람들과 더 많은 시간을 보내는 게 훨씬 의미 있다는 것이다. 오스카 와일드가 "자기 자신이 되어라. 다른 사람들은 이미 있으니까"라고 했던 것처럼, 남과 비교하며 다른 누군가가 되려고 애쓸 필요가 없다.

그 누가 뭐라 해도 괜찮다. 나를 사랑해주는 사람들이 있고, 내가 나를 사랑한다면, 다른 사람의 평가는 그저 스쳐가는 바람일 뿐이다. 완벽하지 않아도 괜찮다. 다 못해도 괜찮다. 남들과 다른 것도 괜찮다. 결국 행복은 나 자신을 있는 그대로 받아들일 때 찾아오는 것 같다. 중요한 건 내가 어떤 사람인지 아는 것, 그리고 나를 진심으로 아껴주는 사람들의 존재를 소중히 여기는 것이다.

결국 우리에게 필요한 건 완벽한 모습이 아니라, 있는 그대로의 나를 받아들이는 용기와 나를 믿어주는 단 한 사람의 존재다. 그리고 언젠가는 나 또한 누군가에게 그런 사람이 되어주는 것. 그것만으로도 충분히 의미 있는 삶이 아닐까.

저자 추천

'나를 사랑하기 위한 세 권의 필사 노트'

'내 인생에서 나 자신이 가장 중요한 동반자'라는 인식에서 출발하여 외부의 인정이나 타인과의 비교보다는 나 자신과의 건강한 관계 맺기가 모든 변화의 시작점이다. 실제로 2025년 저자가 하루도 빠뜨리지 않고 필사를 하고 있는 책이다.

1. 『나는 매일 나에게 다정한 글을 써주기로 했다』 - 김애리

직접적으로 자기 자신에게 온정적인 언어를 건네는 필사 책이다.
"꿈꾸던 행복을 더 이상 기다리지 마세요. 행복을 목적지 삼지 말고 출발점 삼으시기 바랍니다."

2. 『어른의 품격을 채우는 100일 필사 노트』 - 김종원

좋은 문장들을 따라 쓰면서 내면의 성숙과 자기 성찰을 키울 수 있는 필사 노트이다.
"나를 들여다보기에 필사만큼 좋은 것이 또 있을까? 살아갈 날들을 생각하면 이제 필사는 취미가 아니라, 생존을 위한 일이다."

3. 「하루 5분, 나를 찾는 컬러도트 감정필사」 - 최승호

하루 24시간, 1440분, 288개의 5분 중 단 하나만이라도 자기 자신을 위해 사용해야 함을 강조한 필사노트로, 필사 전후로 컬러도트를 활용하여 자신의 감정을 파악할 수 있다. 공책 사이즈로 큰 글씨라는 장점이 있어, 남녀노소 '나다움'을 찾을 수 있는 필사노트.

자주 만나지 않아도 괜찮아

주말 늦은 시간, 예상치 못한 인스타그램 메시지 하나가 특별한 감동을 안겨주었다. 5~6년 전 경찰서 내 사회복무요원으로 함께 일했던 후배로부터 온 '존경합니다!!'라는 짧은 메시지였다. 당시 20대 초반이었던 그와는 몇 개월간 함께 일하며, 퇴근 후 축구를 통해 더 가까워졌던 기억이 있다.

> ㅎㅎ 존경합니다!!

> 오랜만이네~! 근데 뭘 존경해?!

> ㅎㅎㅎㅎ 그냥 공익할때부터 마인드가 남들과 다르신걸 느꼈어요~~!!!
> 신념이 느껴졌음다 잘 지내시죠?!!!

> 응 나야 늘 잘 지내지 ㅎㅎ 어떻게 지내??

> ㅋㅋㅋㅋㅋㅋ 이젠 저도 형님과 같이 직장인되구 아직 사회초년생이라 이것저것 짬 맞아가며 살구있죠 ㅎㅎㅎ 근데 형님이라 해야할지 경장님?? 이라 해야할지 모르겠네요 직급체계가 생각이 안나서,,, ㅋㅋㅋㅋㅋㅋㅋㅋ

> 같이 축구할때도 근무할 때도 참 긍정적인 면을 주시는 분이구나 느꼈어요 길이 잠시 어긋난 청소년들도 승호형님보면 갈피를 잡을 수 있을거라 생각합니다.~~ 항상 행복 하십쇼!!

코로나19로 대면 만남이 어려워진 후 자연스럽게 연락이 끊어졌던 그가 갑자기 보낸 메시지는 나를 깊이 생각하게 만들었다. 그는 당시 나의 마인드와 신념이 남달랐다고 말했고, 사무실에서나 운동장에서나 늘 긍정적인 태도로 주변에 좋은 영향을 주었다고 평가해주었다. 이 후배가 나에 대해 이렇게 생각하고 있는지 전혀 몰랐다.

솔직히 나는 아직 누군가에게 존경받을 만한 사람이라고 생각하지 않는다. 하지만 그의 말을 통해 내가 의식하지 못했던 나 자신의 모습을 발견할 수 있었다. 어린 시절부터 '최긍정'이라는 별명을 가질 만큼 긍정적인 성향을 가졌던 나는, 이제는 주변에 밝은 에너지를 전하고 싶다는 마음이 점점 커지고 있다. 그의 피드백이 더욱 의미 있게 다가왔다. 그 순간만큼은 마치 어린아이처럼 기뻤고, 어쩌면 너무 티가 났을지도 모르겠다.

이 경험을 통해 다시 한 번 깨달은 것은 인연의 소중함이다. 사람과의 만남은 언제 어디서 다시 이어질지 알 수 없기 때문에, 함께 있는 순간순간을 소중히 여기고 진정성 있게 대해야 한다는 것이다. 굳이 자주 연락하지 않더라도, 좋은 기억으로 남아 있다면 언젠가 다시 만났을 때 자연스럽게 웃을 수 있다.

물론 모든 사람에게 무조건 좋은 사람으로 보이려고 억

지로 노력할 필요는 없다. 그것은 오히려 스트레스가 되고, 진정성을 해칠 수 있기 때문이다. 중요한 것은 자연스럽고 진실한 모습으로 사람들과 관계를 맺는 것이다.

1년에 한 번 만나는 동기모임

경찰공무원 임용 10주년을 맞은 지난주, 문득 동기들 생각이 났다. 우리 생활반 동기 9명은 전주부터 인천까지 전국 각지에 흩어져 살고 있다. 현재는 모두 결혼해서 각자의 가정을 꾸리다 보니 9명이 모두 모이는 것은 쉬운 일이 아니다. 마지막으로 전원이 모였던 것이 2018년이었으니 벌써 몇 년이 흘렀다. 그래서 우리는 약속했다. 1년에 한 번은 무조건 만나기로.

이번에는 9명 중 5명이 모였다. 처음 계획은 7명이었지만 갑작스러운 사정으로 5명만 참석하게 되었다. 다함께 만나지 못해 아쉬웠지만 그래도 괜찮다. 10년 전 중앙경찰학교 생활반 시절 그 모습 그대로, 우리는 만나기도 전부터 한강 러닝 계획에 들떠 있었다. "우리가 언제 이렇게 토요일 밤에 한강을 달려보겠어"라며 서로 기대감을 감추지 못했다.

홍대에서 통통돼지뽈살로 단백질을 보충한 후, 예약해둔 숙소에서 러닝복으로 갈아입었다. 토요일 밤 서울 한복판을 러닝복 차림으로 걸어가는 기분이 묘했다. 홍대입구역에서 합정역을 지나 양화대교까지 걸으며 소화도 시키고 몸도 풀었다. 5명이 함께 달리기 시작했지만 각자의 페이스가 달라 자연스럽게 그룹이 나뉘었다. 돼지뽈살이 채 소화되기도 전에 부랴부랴 10킬로미터를 완주했고, 러닝 후에는 모두 함께 턱걸이로 마무리 운동까지 했다.

숙소로 돌아가는 길에 치킨 2마리와 편의점에서 제로음료, 과자들을 사들고 들어갔다. 10년 전 중앙경찰학교에서 교육을 받던 교육생 시절이나 아저씨가 된 지금이나 별반 다르지 않았다. "유유상종"이라는 말이 있듯이, 비슷한 사람들끼리는 자연스럽게 모이는 것 같았다. 신기하게도 배 나온 사람이 하나도 없었고, 웨이트와 식단으로 몸을 만든 형, 부상을 입고도 나보다 잘 달리는 형들을 보며 긍정적인 자극을 받았다. 술 한 방울 없이 제로음료를 마시며 밤새 이야기꽃을 피웠다.

만나서 이야기하는 동안 다들 조금만 더 가까이 살았

으면 좋겠다는 생각이 들었지만, 사실 가까웠어도 1년에 한 번 만나는 건 비슷할 것 같았다. 모두 각자의 자리에서 열심히 살아가고 있고, 만나서 나누는 이야기도 이제는 주로 육아, 건강, 운동에 관한 것들이다. 그런데 이상하게도 이런 모든 것들이 참 좋았다. 자주 만나지 않아도 만날 때마다 10년 전 그 시절 그대로인 우리들, 서로의 근황을 물으며 진심으로 반가워하는 마음들이 소중하다. 함께 달리며 서로를 응원하는 사이가 되었다. 좋은 친구란 결국 함께 성장하는 사람들이 아닐까. 다음 모임부터는 아예 러닝 대회 일정에 맞춰서 만나기로 했다. 생각만 해도 벌써 기대가 된다.

1년에 한 번, 그 한 번이 더욱 특별하고 소중하게 느껴지는 이유는 아마도 우리가 각자의 자리에서 성실하게 살아가고 있다는 믿음 때문일 것이다. 자주 만나지 못해도, 멀리 떨어져 살아도, 진짜 우정은 시간과 거리를 뛰어넘는다는 것을 매번 확인하게 된다. 자주 만나지 않아도 괜찮다. 진심은 시간을 넘어 전해지니까. 완벽한 관계를 유지하려고 애쓰지 않아도, 서로를 진심으로 아끼는 마음만 있다면 그것으로 충분하다.

혼자서 힘들면 함께해도 괜찮아

 현재 거주하고 있는 아파트 단지 내 축구팀에 가입한 지 2년이 지났다. 일주일에 한두 번씩 풋살과 축구를 병행하며 건강관리를 하고 있다. 개인 건강관리와 더불어 회원들 자녀의 나이대도 비슷해서 공을 찬 뒤 함께 육아 이야기를 나누며 소통하고 있다. 처음에는 단순히 운동을 위해서 시작했는데, 이제는 아이들 이야기를 나누고 육아 고민을 털어놓을 수 있는 소중한 시간이 되었다. 아이가 학교에서 어떤 일이 있었는지, 요즘 무엇을 좋아하는지, 때로는 육아로 인한 스트레스까지도 서로 공유하며 위로를 받고 있다. 같은 처지의 아빠들이라 그런지 서로의 마음을 잘 이해해주고, 조언도 아끼지 않는다.

최근에는 풋살 뿐 아니라 주 1~2회 정도 러닝도 함께 하고 있다. 체력적인 면에서 개인마다 차이가 있지만, 모두 일반인이고 아이들 키우는 아빠들이다. 대회 기록에 초점을 맞춘 고강도 러닝이 아닌 함께 뛰고 대화하며 서로를 응원해주는 '행복 러닝'이다. 열댓 명씩 뛰는 큰 모임도 아니고, 평균적으로 3명씩 뛰거나 둘이서 뛸 때도 많다.

단체채팅방에서 러닝을 주제로 이야기하던 중, 지금까지 10km를 단 한 번도 뛰어본 적 없는 분께서 나에게 "오늘 밤 6분 30초 페이스로 10km 어떠세요?"라고 제안했다. 1km를 6분 30초 페이스로 10km 뛰자는 것이었다. 나는 감사히 덥석 물었다. "고고하시죠~!" 의지박약인 나에게 함께 뛰자고 해주니 뛸 듯이 기뻤다. 평소 혼자 뛸 때는 5km 정도에서 지쳐서 포기하거나 핑계를 대며 집으로 향하는 일이 많았는데, 누군가 함께 뛰자고 해주니 용기가 생겼다. 아이들을 재우고 밤 9시 30분에 출발할 예정이라 저녁을 일찍 먹고 마치 소풍을 앞둔 아이처럼 설레는 마음으로 기다렸다.

둘이서 목표했던 6분~6분 30초 페이스를 유지하면서 10km 완주를 성공했다. 중간 중간 숨이 차서 힘들 때도 있었지만, 옆에서 함께 뛰어주는 분이 있어서 포기하지 않을 수 있었다. "빨리 가고 싶으면 혼자 가라. 멀리 가고 싶으면 함께 가라."는 아프리카 속담처럼, 함께 뛰니 더 멀리 갈 수 있었다. 때로는 서로 격려의 말을 건네기도 하고, 때로는 묵묵히 나란히 뛰면서 서로의 존재만으로도 힘이 되었다.

목표한 거리를 뛰고 나서 편의점에서 음료수를 마시면서 그분이 말했다. "솔직히 8km 접어들면서 포기할까 했는데 뛴 거리 아까워서 꾹 참고 뛰었습니다. 인생 첫 10km 완주입니다." 이에 나도 "맨날 혼자 뛰면 5km 뛰고 집에 가는데 같이 뛰어서 오랜만에 10km 잘 뛰었습니다."라며 감사함을 전했다. 개인적으로 내 건강관리도 하면서 다른 사람에게도 조금이나마 도움이 되었다는 뿌듯함이 컸다. 사실 달리기를 할 때 호흡법도 잘 모르고, 기술적인 측면도 잘 모른다. 그저 꾸준히 뛰려고 노력할 뿐이다. 함께 호흡했을 뿐인데 혼자 달리는 것보다 덜 힘들었고, 앞으로도 더 많은 거리를 함께 뛸 수 있겠다는 자신감이 생겼다.

독서와 달리기는 혼자 할 수도 있고, 함께 할 수도 있다. 스스로의 의지가 강하고 이미 어느 정도의 실력자라면 뭐든 혼자 해도 괜찮을 것이다. 하지만 나같이 부족한 사람에게는 독서 모임, 소수 달리기 모임 등 좋은 사람들과 함께하는, 배움이 있는 모임이 필요하다. 혼자서는 쉽게 포기하거나 변명을 찾게 되는데, 함께하는 사람들이 있으면 조금 더 힘을 낼 수 있다.

독서 모임에서는 혼자서 책을 보다가 놓쳤던 부분을 다른 사람의 관점으로 볼 수 있게 된다. 러닝 모임에서는 혼자서는 불가능했던 거리와 페이스에 도전할 수 있게 된다. 건강, 육아, 운동, 독서 등 각 분야에서 전문적인 지식은 없지만 하루도 빠뜨리지 않고 매일 꾸준히 하려고 노력하고 있다.

받은 도움들과 은혜를 잊지 않고, 나도 기회가 된다면 선한 영향력을 나누고 싶다. 누군가에게 10km 러닝의 용기를 준 것처럼, 나도 언젠가는 누군가에게 조금이나마 도움이 되는 사람이 되고 싶다. 완벽하지 않아도 괜찮고, 부족해도 괜찮다. 혼자서 힘들면 도움을 주고받으며 함께 성장해도 괜찮다. 그 과정에서 우리는 서로에게 힘이 되고, 더 나은 사람으로 성장해 나갈 수 있다. 함께 하는 것의 소중함을 느끼며, 오늘도 감사한 마음으로 하루를 보내고 있다.

오프라인 모임 참석해도 괜찮아

 토요일 오전 7시, 비가 내리기 시작했다. 내가 이른 아침부터 오프라인 모임에 참석하다니, 그것도 운동이 아닌 독서 모임으로. 평소 새로운 사람들과 만나는 것을 즐겨하지 않는 편이고, 특히 내가 잘 모르는 분야에서 이야기해야 한다는 부담감이 있었지만 큰 용기를 내어 참석했다.

 2주 전에 처음으로 온라인 독서 모임에 참여해서 낯익은 얼굴들이 있었다. 나는 늘 그래왔듯이 일찍 가서 맨 뒷자리에 앉았다. 오프라인 모임에 참석은 했지만 말은 하지 않겠다는 강한 표현이었다. 주말 이른 시간부터 각자의 이야기를 하느라 시간 가는 줄 몰랐다. 온라인에서도 열기가 후끈하여 실제 오프라인에서는 얼마나 더 열띤 분위기일까 궁금했다. 온라인에서는 화면 너머로만 만나다 보니 조금 거리감이 느껴졌고, 실제로 만나면 어떤 느낌일지, 과연 내가 그 분위기에 적응할 수 있을지 걱정이 되면서도 기대가 컸다.

오전 8시. 시작부터 4~5명씩 6개 조로 나누어 대화를 나눴다. 처음에는 서로 어색했으나 조금 시간이 지나자 각자 책을 읽은 뒤 느낀 소감, 각자의 경험담 등을 이야기하느라 주어진 30분이 부족했다. 다양한 직업군의 사람들이 모여 있었는데, 같은 책을 읽고도 이렇게 다른 관점으로 해석할 수 있다는 게 신선했다. 누군가는 비즈니스 관점에서, 누군가는 육아 경험을 바탕으로, 또 누군가는 자신의 전문 분야와 연결해서 이야기했다.

조별로 반장, 서기, 발표자를 뽑았다. 어떻게든 발표를 하지 않기 위해 적극적으로 반장을 하겠다고 나섰다. 시간이 흐르면서 내가 생각했던 방향과 다르게 흘러갔다. 올해 초 내 이름으로 책을 출간했다는 이유로 말도 잘할 것 같다며 발표자로 정해지는 분위기로 흘러갔다.

그래서 어떻게 하다 보니 우리 조의 발표자가 되었다. 순간 짐을 싸서 나갈까 고민했으나 독서 모임이라 부랴부랴 책도 챙겨야 했고, 비가 내리는 바람에 장우산도 챙겨야 했다. '언제 짐 챙겨서 도망을 가, 그냥 눈 딱 감고 해보자. 이렇게 대단하신 분들 앞에서 내가 또 언제 발표해보겠어'라고 다짐하며 긴장하기 시작했다.

문제는 지금부터였다. 30분간 조별 토론을 마치자마자 사회자가 "그럼 지금부터 조별 발표를 시작할 건데요. 저는 절대 1조부터 시키지 않습니다. 오늘 발표는 4조부터 시작하겠습니다."라며 진행했다. 당연히 1조부터 발표할 줄 알고 마음 놓고 있었는데 갑자기 4조부터 발표한다고 해서 첫 번째로 나갔다.

초·중·고등학교 학생들 앞에서 수없이 많이 학교폭력 등 범죄예방교육을 하면서 전혀 떨리지 않았는데, 독서 모임은 처음이라 그런지 노트를 든 왼손과 마이크를 잡은 오른손 모두 덜덜 떨렸다. 발표나 강의를 할 때 떨지 않으려면 내가 이야기하는 내용을 완벽하게 숙지하고 있어야 한다는 것을 다시 한 번 실감했다. "경험이 최고의 스승이다"라는 라틴 속담처럼, 익숙한 영역과 새로운 영역의 차이를 몸소 느꼈다. 나는 떨린 마음이 채 가라앉기도 전에 학창 시절 친구와 선생님에게서 받은 부정적 신호를 스스로 차단했던 경험, 엊그제 독서를 통한 10킬로미터 달리기 기록 향상 경험, 언젠가 '베스트셀러 작가'가 되어 이곳에서 발표자가 아닌 강연자로 서겠다는 내용을 발표했다.

발표를 마치고 자리에 앉았을 때 안도감이 밀려왔다. 완벽하지는 않았지만 그래도 내 이야기를 진솔하게 전달했다는 느낌이 들었다. 각 조별 발표 이후 정주영 작가의 레이저 원리, 양원근 작가의 양자역학 강의 등을 들으면서 현재 내 삶을 돌아보는 계기가 되었다. 다른 작가들의 강의를 들으면서 '아, 이런 관점도 있구나.', '이런 식으로 접근할 수도 있구나' 하는 깨달음이 많았다.

나에게 오프라인 모임은 반기별로 모이는 고등학교 동창 모임과 조기축구, 그리고 매일은 아니지만 아파트 입주민들과의 러닝 모임뿐이었다. 모임 취지에 맞게 동창들과 오랜만에 만나서 근황을 공유한 뒤 헤어지고, 축구나 러닝 모임 후에는 편의점에서 음료수를 마시고 헤어졌다.

이번 독서 모임은 조금 달랐다. 단순히 친목 도모가 아니라 서로의 생각을 나누고, 책을 통해 배운 것들을 공유하는 시간이었다. 평소 비슷한 환경에서 비슷한 사람들과만 만나다 보니 생각의 폭이 좁아지는 것 같다는 느낌을 받을 때가 있었는데, 이번 독서 모임을 통해서는 다양한 시각을 접할 수 있어서 좋았다.

"내가 만나는 사람은 누구나 어떤 면에서 나보다 더 낫다"는 말처럼, 각자 다른 배경을 가진 사람들과의 만남에서 새로운 것을 배울 수 있었다. 오프라인 모임을 괜히 두려워했던 것 같다. 처음에는 어색하고 떨릴 수 있지만, 용기 내어 나가보니 생각보다 훨씬 좋았고 많은 것을 배울 수 있었다.

완벽하게 준비되지 않아도 괜찮고, 발표하다가 실수를 해도 괜찮다. 나처럼 덜덜 떨면서 발표해도 괜찮다. 중요한 건 그 자리에 참석해서 새로운 경험을 해보는 용기다. 앞으로도 이런 기회가 있으면 주저하지 말고 참여해봐야겠다. 작가가 되기 전에도, 지금 이 순간에도 충분히 의미 있는 시간을 보낼 수 있다는 걸 배웠다.

독서 속도 느려도 괜찮아

 서점에 들어서면 늘 압도당한다. 신간 코너에 빽빽하게 꽂힌 책들을 보면서 '저 많은 책들을 언제 다 읽을 수 있을까' 하는 막막함이 밀려온다. 집에 돌아와 SNS를 켜면 상황은 더 심각해진다. "이달의 독서 기록 10권 완독!"이라는 제목과 함께 책 표지들이 가지런히 늘어선 인증 사진들이 타임라인을 가득 채운다. 그 밑에는 "역시 책은 많이 읽어야 해요", "한 달에 10권은 기본이죠." 같은 댓글들이 달려있다. 나는 그런 글들을 보면서 작아진다. 나는 한 달에 한 권 읽기도 벅찬데, 저 사람들은 도대체 어떻게 그렇게 많은 책을 읽는 걸까.

독서에 대한 부담감은 어린 시절부터 시작되었다. 학교에서 "독서왕" 시상을 할 때, 나는 책에 대한 흥미가 별로 없던 학생이었다. 한 달에 20권, 30권씩 읽는다는 친구들을 보면서 '나는 왜 이렇게 책 읽는 게 어려울까' 생각했다. 그때는 책을 많이 읽는 것이 곧 공부를 잘하는 것과 직결된다고 믿었기 때문에 더욱 조급했다. 속독법 책을 사서 읽어보기도 하고, 수없이 많은 줄을 그어가며 빠르게 읽는 연습도 해봤지만 별 소용이 없었다. 결국 '나는 독서에 재능이 없는 사람'이라고 결론짓고 포기해 버렸다.

성인이 된 후에도 마찬가지였다. 20대 초반 군대 생활을 하면서 틈틈이 책을 읽어둔 것 외에는 직장생활을 하면서 책을 읽으려고 애를 썼지만, 하루 종일 일을 하고 나면 집중력이 떨어져서 몇 페이지 읽지 못하고 잠들기 일쑤였다. 주말에 몰아서 읽으려고 해도 집안일, 아이들 돌보기 등으로 제대로 된 독서 시간을 확보하기 어려웠다. 아니 분명히 책 읽을 시간이 있었을 것이다. 내가 업무, 육아 핑계로 읽지 않았을 뿐이다. 한 권을 완독하는 데 한 달, 때로는 두 달이 걸리기도 했다. 그런 내 모습이 부끄러워서 독서 모임 같은 곳에 참여하는 것도 꺼려했다. 독서 모임에 참여할까 고민하던 찰나, 마침 코로나 시기와 겹치기도 했다.

그래도 포기하지 않았다. 처음에는 하루에 무조건 15분은 책을 읽겠다고 스스로와 약속했다. 한 페이지를 읽는 데 이틀에 걸쳐 30분이 넘게 걸린 적도 있었다. 예전에는 '이렇게 느리게 읽으면 언제 다 읽지' 하며 조급해했을 텐데, 이제는 달라졌다. 처음엔 억지로 시작했던 독서가 이제는 습관이 된 것이다. 책을 많이 읽는 것도 좋지만, 한 권, 한 장이라도 제대로 소화하는 것이 더 의미 있다는 생각이 들었다. 마치 음식을 먹을 때와 같았다. 빨리 많이 먹는 것보다는 천천히 음미하면서 먹는 것이 소화에도 좋고 맛도 제대로 느낄 수 있는 것처럼, 책도 천천히 읽으면서 그 의미를 곱씹는 것이 진짜 독서가 아닐까 싶었다.

프랜시스 베이컨이 "어떤 책은 맛보기 위해, 어떤 책은 삼키기 위해, 그리고 소수의 책은 씹고 소화하기 위해 있다"고 했듯이, 진짜 좋은 책일수록 천천히 음미해야 한다는 걸 깨달았다. 같은 책을 여러 번 읽는다는 것의 가치도 그때 알게 되었다. 처음 읽을 때는 스토리나 전체적인 내용 파악에 집중하게 되는데, 두 번째 읽을 때는 놓쳤던 세부 사항들이 보이기 시작한다. 세 번째 읽을 때는 작가의 의도나 문체의 묘미 같은 것들이 느껴진다. 특히 좋은 책일수록 읽을 때마다 새로운 발견이 있다. 내 인생 상황이 바뀌면서 같은 문장에서도 다른 의미를 발견하게 되는 것이다.

예를 들어, 몇 년 전에 읽었던 김훈의『칼의 노래』를 몇 년 만에 다시 읽었다. 처음 읽을 때는 이순신의 영웅담으로 읽혔는데, 이번에는 달랐다. 중년 남자의 고뇌와 책임감이 마음 깊이 와닿았다. 나도 아빠가 되고, 직장에서 책임져야 할 위치가 되면서 비로소 그 무게를 이해하게 된 것 같다. 좋은 책은 빨리 읽고 넘기는 것보다, 천천히 반복해서 읽을 때 진짜 가치를 발견할 수 있다는 걸 깨달았다.

요즘은 독서 속도에 대한 콤플렉스가 많이 사라졌다. SNS에서 "이달의 책 10권" 인증 글을 봐도 예전처럼 위축되지 않는다. 대신 '저 사람은 저렇게 많이 읽는 스타일이고, 나는 천천히 깊이 읽는 스타일이구나' 하고 생각한다. 사람마다 독서 방식이 다를 수 있다는 것을 인정하게 된 것이다. 어떤 사람은 많은 책을 통해 다양한 지식을 습득하는 것을 좋아하고, 어떤 사람은 적은 수의 책이라도 깊이 있게 읽는 것을 선호한다. 둘 다 나름의 가치가 있는 독서 방식이다. 실제로 느린 독서가 주는 장점들을 경험하면서 더욱 확신하게 되었다. 천천히 읽으면 내용을 더 오래 기억할 수 있다. 빨리 읽고 넘어간 책들은 몇 개월 아니 일주일만 지나도 내용이 가물가물해지는데, 시간을 들여 천천히 읽은 책들은 몇 년이 지나도 기억에 남아있다. 특히 인상 깊었던 문장이나 장면들은 생활 속에서 문득문득 떠오르며 위로가 되거나 영감을 주기도 한다.

또한 천천히 읽다 보니 글쓰기에도 도움이 되었다. 작가가 어떤 표현을 선택했는지, 문장을 어떻게 구성했는지, 어떤 리듬으로 글을 전개해 나가는지를 자연스럽게 관찰하게 되었다. 빨리 읽을 때는 놓쳤던 문체의 묘미나 표현 기법들을 발견할 수 있었다. 이런 관찰들이 쌓이면서 내 글쓰기에도 조금씩 영향을 미치기 시작했다.

물론 여전히 한계는 있다. 새로 나오는 책들을 다 읽어보고 싶지만 시간이 부족하고, 가끔 화제가 되는 책들을 읽지 못해서 대화에 끼지 못할 때도 있다. 하지만 그런 것들이 예전만큼 스트레스가 되지는 않는다. 대신 내가 선택한 책들을 더 소중하게 읽으려고 한다. 한 권을 선택할 때도 더 신중하게 고민하고, 읽기 시작하면 끝까지 집중해서 읽으려고 노력한다.

최근에는 독서 모임에도 참여하기 시작했다. 처음에는 걱정이 많았다. '나처럼 느린 사람이 가서 뭔가 기여할 수 있을까' 하는 생각 때문이었다. 하지만 독서 모임에 참석해보니 독서 속도보다는 책에 대한 생각과 감상을 나누는 것이 더 중요했다. 오히려 천천히 꼼꼼히 읽는 내 스타일이 도움이 될 때도 있었다. 다른 사람들이 놓친 세부사항을 발견해서 이야기할 수 있었고, 반복해서 읽은 책에 대해서는 더 깊이 있는 이야기를 나눌 수 있었다.

독서 속도 느려도 괜찮다. 한 달에 한 권밖에 읽지 못해도 괜찮다. 아니 한 권도 다 읽지 못해도 괜찮다. 중요한 것은 그 한 권을 얼마나 의미 있게 읽느냐는 것이다. 빨리 읽고 잊는 열권보다 천천히 읽고 오래 생각하게 하는 한 권이 더 가치 있다. 진정한 지혜는 독서량이 아니라 사색의 깊이에서 나온다.

  나는 앞으로도 내 속도에 맞춰 책을 읽어갈 생각이다. 양보다는 질을, 속도보다는 깊이를 추구하면서 말이다. 그것이 나에게 맞는 독서 방식이고, 그것만으로도 충분히 의미 있는 독서 생활이라고 믿는다.

글쓰기 실력 늘지 않아도 괜찮아

 매일 아침 커피 한 잔과 함께 빈 페이지 앞에 앉는다. 오늘은 뭔가 특별한 글이 나올 것만 같은 기대감을 안고 키보드에 손을 올린다. 하지만 한 시간 후, 모니터에는 어제와 별반 다르지 않은 문장들이 나열되어 있다. '오늘도 이 정도구나. 도대체 베스트셀러 작가들은 어떻게 쓰는 거지?' 라는 실망감과 함께 하루를 시작한다.

 글을 쓰기 시작한 지 벌써 몇 개월이 흘렀는데, 실력이 늘고 있다는 실감이 나지 않는다. 어제 쓴 글과 오늘 쓴 글을 비교 해봐도 문체는 비슷하고, 표현력도 크게 달라지지 않은 것 같다. 가끔 '내가 정말 발전하고 있는 걸까.

여기까지가 나의 한계인가' 하는 의구심이 든다.

특히 다른 작가들의 글을 읽을 때면 더욱 위축된다. 같은 주제를 다뤘는데도 그들의 글은 훨씬 세련되고 깊이가 있어 보인다. 똑같은 일상을 소재로 썼는데 왜 이렇게 차이가 날까. 문장 하나하나가 주는 울림이 다르고, 전개 방식도 훨씬 자연스럽다. 나는 언제쯤 저렇게 쓸 수 있을까 하는 한숨이 절로 나온다.

베스트셀러 작가들의 데뷔작을 찾아 읽어보기도 한다. '이 사람도 처음에는 나처럼 서툴렀겠지' 하는 위안을 얻으려는 마음에서다. 하지만 그들의 초기작조차 내가 지금 쓰는 글보다 훨씬 완성도가 높아 보인다. 그럴 때면 '역시 타고난 글쓰기 재능이 다른가보다' 하며 스스로를 위축시킨다.

글쓰기 관련 책들을 사서 읽어보기도 했다. 문체를 다듬는 방법, 매력적인 소재를 찾는 법, 독자의 관심을 끄는 도입부 쓰기 등 온갖 기법들을 공부했다. 그리고 그 기법들을 내 글에 적용해보려고 노력했다. 하지만 막상 써보면 어색하기만 하다. 억지로 멋진 표현을 쓰려다 보니 오히려 부자연스러워졌고, 기존의 내 문체와 어울리지 않았다. 결국 며칠 고민하다가 다시 원래대로 돌아가곤 했다. 이런 시행착오를 반복하면서 '나는 정말 글재주가 없나보다' 하는 생각이 들었다.

온라인 글쓰기 커뮤니티에서 다른 사람들의 글을 보는 것도 양날의 검이었다. 한편으로는 자극이 되고 배울 점이 많았지만, 다른 한편으로는 비교의식 때문에 상처받기도 했다. 같은 시기에 글쓰기를 시작한 사람들이 나보다 훨씬 빠르게 실력이 늘어가는 것처럼 보였다. 댓글도 더 많이 받고, 추천수도 더 높았다. '왜 나만 이렇게 느릴까' 하는 조급함이 밀려왔다. 가끔은 글쓰기를 그만두고 싶다는 생각까지 들었다. 어차피 늘지도 않는 실력으로 뭘 하겠다는 건지 회의감이 들었다.

우연한 계기로 일 년 전에 썼던 글들을 다시 읽어볼 기회가 있었다. 컴퓨터 파일을 정리하다가 발견한 초기 글들이었다. 처음에는 '옛날 글이나 보면서 추억이나 하자' 하는 가벼운 마음으로 클릭했다. 몇 줄 읽지도 않았는데 깜짝 놀랐다. 정말 어색하고 정신없었다. 문장 구조도 어설프고, 표현도 부자연스러웠다. 혼자 보는데도 누가 볼세라 부끄러웠다. 같은 내용을 이렇게 복잡하게 써놓았

나 싶을 정도로 군더더기가 많았다. 반면 며칠 전에 쓴 글을 다시 보니 확실히 달랐다. 같은 주제를 다뤄도 훨씬 간결하고 자연스럽게 표현하고 있었다.

그 순간 깨달았다. 하루하루 변화는 눈에 보이지 않지만, 장기적으로는 분명히 성장하고 있었던 것이다. 스티븐 킹이 『유혹하는 글쓰기』에서 강조했듯이, 글쓰기는 특별한 재능이 아니라 매일 하는 일상의 작업이다. 그는 '매일 같은 시간에, 같은 장소에서, 정해진 분량만큼 쓰라'고 조언했는데, 이제야 그 의미를 조금 이해할 것 같다.

마치 근육이 자라는 것과 같았다. 매일 거울을 봐도 큰 변화를 느끼지 못하지만, 몇 달 전 사진과 비교하면 확실히 달라진 것을 알 수 있는 것처럼 말이다. 글쓰기도 마찬가지였다. 어제와 오늘의 차이는 미미하지만, 몇 달, 일 년 단위로 보면 분명한 발전이 있었다. 그 뒤로는 단기적인 변화에 일희일비하지 않으려고 노력한다. 대신 꾸준히 쓰는 것에 집중한다. 매일 조금씩이라도 글을 쓰고, 다양한 주제로 시도해본다. 완벽한 글을 쓰려는 부담보다는 솔직하고 자연스럽게 표현하는 것에 중점을 둔다. 억지로 멋진 표현을 쓰려고 애쓰지 않고, 내가 평소에 쓰는 말투 그대로 글로 옮기려고 한다. 그렇게 하니 오히려 더 자연스러운 문장들이 나오기 시작했다.

다른 작가들의 글을 볼 때도 마음가짐이 바뀌었다. 예전에는 '나는 언제쯤 저렇게 글을 잘 쓸 수 있을까' 하며 위축되었다면, 이제는 '저런 표현도 있구나. 신선하고 역시 굉장하다.' 라며 배우려는 자세로 읽는다. 그들도 처음부터 잘 쓴 것이 아니라 오랜 시간 연습하고 노력한 결과라는 것을 인정한다. 그리고 나도 꾸준히 하다 보면 언젠가는 지금보다 더 나은 글을 쓸 수 있을 거라고 믿는다. 무엇보다 글쓰기의 목적을 다시 정의했다. 처음에는 '잘 쓰고 싶다', '인정받고 싶다'는 마음이 컸다면, 이제는 '내 생각을 정리하고 싶다', '누군가와 소통하고 싶다'는 마음이 더 크다. 글쓰기 실력 향상도 중요하지만, 그것이 전부는 아니라는 것을 깨달았다. 글을 쓰면서 내 자신을 더 잘 이해하게 되고, 일상의 소소한 순간들을 더 의미 있게 바라보게 되었다. 이런 변화들도 글쓰기가 주는 충분한 보상이다.

가끔 독자들로부터 "글이 편안하다", "공감이 된다."는 댓글을 받을 때가 있다. 그럴 때면 '아, 내 글이 누군가에게는 의미가 있구나. 도움이 되는구나.' 하는 뿌듯함을 느낀다. 문학상을 받을 만큼 뛰어나지는 않을지라도, 진심이 담긴 글이 누군가에게는 위로가 되고 공감대를 형성할 수 있다는 것을 안다. 그것만으로도 충분히 가치 있는 일이다.

요즘은 글쓰기 실력이 늘지 않는 것에 대해 크게 조급해하지 않는다. 대신 오늘 하루도 글을 썼다는 것, 어제보다 조금이라도 솔직하게 표현했다는 것에 만족한다. 완벽한 작가가 되려는 욕심보다는 꾸준한 기록자가 되고 싶다는 마음이 더 크다. 매일 조금씩이라도 써나가다 보면, 언젠가는 지금보다 분명히 나은 글을 쓰게 될 거라고 믿는다.

글쓰기 실력이 늘지 않아도 괜찮다. 어제와 오늘이 별다르지 않아도 괜찮다. 중요한 것은 포기하지 않고 계속 쓰는 것이다. 하루하루는 몰라도 장기적으로는 분명히 성장하고 있을 테니까. 그리고 그 과정에서 얻는 깨달음과 위안, 누군가와의 소통만으로도 글쓰기는 충분히 의미 있는 일이다. 완벽하지 않은 글이라도 진심이 담겨 있다면 그것으로 충분하다.

저자 추천

'글쓰기 향상을 위한 두 권의 추천도서'

1. 『더 좋은 문장을 쓰고 싶은 당신을 위한 필사책』 - 이주윤

필사를 단순한 베껴 쓰기가 아닌 '문장 감각을 기르는 훈련'을 접근한다. 좋은 문장을 따라 쓰면서 자연스럽게 글쓰기 실력이 늘어난다는 것이 이 책의 기본 철학이다.

2. 『쓸수록 돈이 된다』 - 양원근

AI시대에도 개인의 고유한 강점과 경험을 콘텐츠로 만들어 수익을 창출할 수 있다는 것이며, 자신의 강점 발견부터 SNS 글쓰기, 책 출간, 수익 창출까지의 체계적인 방법론을 제시하고 있다.

브런치스토리 작가가 되는 방법

1단계: 회원가입 및 기본 설정
카카오계정으로 브런치스토리 가입 후 이메일 인증 완료

2단계: 작가 신청 준비
브런치스토리에 글을 발행하려면 작가로 승인된 이후에만 가능
가입 직후 바로 작가 신청 가능

3단계: 작가 신청서 작성
다음 내용을 작성하여 신청
자기소개 (300자 이내)
브런치스토리 활동 계획 (발행할 글의 주제, 소재, 목차)
샘플 글 첨부 (브런치 서랍에 저장한 글 또는 외부 링크)

4단계: 심사 및 결과
신청 결과는 영업일 기준 5일 이내에 이메일과 앱 알림으로 안내

5단계: 승인 후 활동
작가 승인 후 비로소 글 발행 가능
꾸준히 글 발행하며 독자 형성
시리즈를 묶어 브런치북 제작 가능

4장

평범한 꿈, 소소한 도전, 괜찮아

꿈이 있는 것만으로도 괜찮아

 교육청에서 주관하는 학부모 대상 글쓰기 수업에 참여했다. 수업의 핵심은 자신이 쓰고 싶은 글의 방향을 찾고, 나아가 책 출간을 목표로 한다면 어떤 이야기를 담을 것인지 구체화하는 것이었다. 김한솔이 작가는 말했다. 내 안의 재료를 문장으로 만들려면 무엇보다 '나'에 대한 이해가 선행되어야 한다고. 평소 생각과 일상을 관찰하며 나 자신을 깊이 들여다보는 작업이 필요하다는 것이었다.
 사실 이런 과정의 중요성은 다른 강의나 책을 통해서 인지는 하고 있었다. 하지만 막상 체계적으로 나 자신에게 질문을 던지고 답해본 적은 거의 없었다. 항상 바쁘다는 핑계로, 아이들 돌보느라 시간이 없다는 이유로 미뤄온 일이었다. 이번 김한솔이 작가의 글쓰기 수업은 나에게 큰 기회였다.

글쓰기 수업에서 던진 첫 번째 질문은 '현재 내가 진정으로 원하는 것은 무엇인가?'였다. 솔직한 답은 '사람들에게 사랑받는 베스트셀러 작가'였다. 올해 초 10년간 몸담은 직장에서의 경험을 담아 운 좋게 『아이들은 죄가 없습니다』라는 책을 출간했으니 '작가'라는 타이틀은 얻었다. 이제 남은 것은 '사람들에게 사랑받는 베스트셀러'라는 수식어인데, 아직 갈피를 잡지 못하고 독서와 필사, 자유 글쓰기만 매일 반복하고 있다. 곧바로 '그럼 왜 베스트셀러 작가가 되고자 하는가?'에 대한 답은 솔직했다. '긍정적인 신호와 선한영향력 전파'였다. 현재는 일반직장인에 불과하지만 스스로 끊임없이 성장하고 발전하여 나와 같은 일반인에게 선한영향력 전파하고 싶다. 그렇게 꾸준히 하다보면 관계에 있어서의 자유는 따라올 것이라고 생각한다.

글쓰기 수업 중에 바로 나에 대한 10문 10답을 적어

보는 시간을 가졌다. 평소 나에 대해 다 알고 있다고 생각했는데 생각보다 쉽지 않았다. 펜과 노트를 준비해 함께 해보길 바란다.

첫 번째 질문. '나를 3개의 단어로 표현한다면?'

먼저 '희망의 물음표'라고 적었다. 현재 나는 이것저것 시도해보고 있으나 특출나게 잘하는 것이 없는 상황이다. 뭘 해야 할지, 어디로 가야 할지 늘 질문을 던지고 있는 상태이기에 물음표로 표현했다. 결국 좋은 결과는 따라올 것으로 굳게 믿기 때문에 '희망'을 붙였다.

다음은 '선택적 에너자이저'. 가정, 육아, 일, 건강관리 등 내가 관심 있어 하는 분야에서 잘하고 싶고, 그 분야에서 할 수 있는 것에만 에너지를 집중적으로 쏟고 있다. 모든 일에 다 관여할 수 없고, 다 잘할 수는 없으니 선택과 집중을 하는 편이다.

마지막으로는 '초긍정 럭키가이'라고 적었다. 어렸을 때부터 가족과 친구들이 "최승호는 인생을 운으로 산다. 하는 일마다 잘 풀린다."고 할 정도로 운이 좋다. 나 스스로도 인정하는 부분이다. 이는 앞의 '선택적 에너자이저'

와 맞물린다. 내가 잘할 것 같거나 그나마 성과를 낼 수 있을 것 같을 때, 초집중하기 때문이다. 그런데 진짜 운이라는 것이 가만히 앉아 있으면 알아서 들어올까? 대부분의 사람들은 상대방의 성과를 그저 운이 좋아서 잘되었다고 한다. 나도 처음엔 그저 내가 운이 좋은 사람인줄 알았다. '나는 운이 왜 좋을까?' 반대로 '나는 운이 왜 좋지 않을까?'에 대해서 생각해 본 적이 있을 것이다. 사람들은 운을 자기 자신이 가지고 놀아야 하는데 '하느님 제발, 이번 한번만 기회를!'이라며 자신의 운을 외부 환경에 맡긴다. 운이 좋아지려면 확률을 높여야 한다. 확률을 높이려면 그만큼 기회를 많이 가져야 한다. 기회를 많이 갖고자 한다면 일단 시도하고 행동해야 한다. 그래야 운 앞에 행(行)이 붙어 행운이 된다. 하지만 대부분의 사람들은 시도하지 않는다. 왜? 시도하기 전부터 실패했을 때의 자괴감, 타인의 시선 및 손가락질부터 고민하고 걱정한다. 스스로 고민하고 걱정하는 동안 기회도 운의 확률도 자신감도 하락한다. 그래도 애매하다 싶으면 자신이 고민하고 걱정하는 것 중에서 '안'과 '못'을 빼고 '행'을 더한다면 '운'은 조금씩 올라갈 것이다.

두 번째 질문. '요즘 내 마음을 날씨로 표현한다면?'

처음엔 이것저것 다양하게 시도하고 있으니 '무지개'로 할까 했지만, '구름 뒤에 가려진 태양'이라고 적었다. 나를 태양으로 표현한 이유는 아직은 베스트셀러 작가는 아니지만 어쨌든 책을 출간한 작가이기 때문에 스스로 타는 행성인 태양에 비유했다. 하지만 부끄러움이 많다는 핑계로 책 홍보도 소극적으로 하고 있고, 독서모임 등 오프라인 모임에서도 맨 뒤에 앉아서 조용히 웃다가 말없이 사라지는 캐릭터다. 스스로 빛을 내는 별인 태양이지만 현재는 잠시 구름에 가려져 쨍하고 해 뜰 날 만을 기다리고 있다. 평생 가려질 것은 아니기에 '태양'에 집중했다.

세 번째 질문은 내 이름으로 3행시 짓기였다.

최: 최고가 된다고 행복할까?

승: 승승장구한다고 행복할까?

호: 호기롭게 3행시를 시작했으나 내 인생의 모토는 언제나 '가화만사성'.

발표를 할 수도 있어서 철학적으로 진지하게 써보려고

했는데 마지막에 결국 내 인생 모토로 마무리했다. 나와 가까운 지인들은 알 것이다. 내가 중학생 때부터 강조한 가화만사성.

이어진 질문들에 답하면서 내 모습이 조금씩 선명해졌다. 내가 가장 많이 하는 말은 아내에게는 공감의 "어, 맞네. 그러네.", 아이들에게는 "해보자", 나 스스로에게는 "할 수 있어. 어차피 할 수 있을 때까지 하니까"였다.

내가 가장 듣고 싶은 말은 "충분히 잘하고 있어", "건강해 보여", "배울 점이 있어"였다. 이 말들을 들으면 정말 기분이 좋아지고 내가 살아있음을 느낀다.

나의 말을 색깔로 표현하면 부드러운 느낌의 노란색, 나의 글은 말보다는 조금 자신 있고 솔직하게 표현하는 빨간색으로 적었다. 말할 때와 글을 쓸 때의 내 모습이 조금 다르다는 생각이 들었다.

글을 쓸 때 나는 '웃으며 집중한다.'고 적었다. 정확히는 집중하다가 웃는다고 하는 것이 맞겠다. 아직 글을 잘 쓰지 못하지만 어떻게든 글감을 찾으려 애쓰고, 매일 써 내려가면서 혼자 고개를 저을 때도 있고, 피식 웃을 때도 있다. 요즘은 글을 쓸 때 살아있음을 느낀다. 이 살아있음을 모두가 느껴봤으면 좋겠다.

글쓰기에서 가장 어려운 점은 '독자를 고려한 말투와 강약 조절'이었다. 혼자만 쓰고 보는 일기라면 형식의 제약 없이 자유롭게 쓸 수 있지만, 다른 사람과 공유하는 글이나 책을 쓸 때는 그럴 수 없다. 말투부터가 그렇다. 격식을 차려야할지 편하게 이야기를 써내려 가야할지 고민의 연속이다. 그다음으로는 '홍보'하는 부분이다. 나름 열심히 써서 책을 출간까지 했는데 홍보를 제대로 하지 못한다면 독자들은 책의 존재 자체를 모를 것이다. 첫 책을 출간한 뒤, 가만히 있으면 알아서 책이 팔릴 줄 알았다. 두 번째 책을 출간하고, 세 번째 책을 쓰고 있는 현재도 홍보 부분에 대해서는 갈피를 잡지 못하고 있다. 그저 주변 지인분들이 책 구매 인증을 보내주시면 감사할 따름이다.

마지막 질문에서 내가 글쓰기를 하는 이유를 돌아봤다. 내가 가진 긍정 마인드, 가화만사성을 모토로 한 육아하는 아빠의 모습, 건강한 라이프 스타일, 단순한 삶 등에 대해 '선한 영향력을 전파'하고 싶어서라고 답했다. 나에 대한 10문 10답을 하면서 나에 대해 알아봤고, 매일 글을 쓰는 이유에 대해서도 명확해졌다.

  총 4회기로 구성된 글쓰기 수업은 회기당 2시간씩 진행되었는데, 이는 나 자신을 돌아보는 소중한 시간이었다. 평소에는 아이들 돌보기, 집안일, 운동 등으로 바쁘게 지내다 보니 정작 내가 어떤 사람인지, 무엇을 원하는지 깊이 생각해볼 여유가 없었다. 그런데 이번 글쓰기 수업을 통해 나 자신을 조금 더 객관적으로 바라볼 수 있게 되었다. 글을 쓰면서 내 안에 잠들어 있던 생각들이 깨어나고, 평소 미처 몰랐던 내 모습을 발견할 수 있었다.

  결국 글쓰기도 나를 알아가는 과정인 것 같다. 베스트셀러 작가가 되고 싶다는 꿈은 여전하지만, 그 과정에서 나 자신을 더 깊이 이해하고 진정성 있는 이야기를 써나가는 것이 더 중요하다는 생각이 든다.

  꿈이 있는 것만으로도 괜찮다. 베스트셀러 작가가 되지 못해도, 지금 이 순간 글을 쓰고 있다는 것 자체가 의미 있다. 꿈을 향해 한 걸음씩 나아가는 과정에서 발견하게 되는 나 자신의 모습들이 오히려 더 소중한 보물일지도 모른다.

투자 실패 경험해도 괜찮아

 부동산, 주식, 가상화폐 등 어떤 투자에서든 100% 승률을 자랑하는 사람은 없다. 투자의 대가 워렌 버핏조차 완벽하지 않다. 2022년 그의 포트폴리오도 상당한 손실을 기록했고, 2023년에는 일부 회복했지만 여전히 시장 평균을 항상 앞서는 것은 아니다. 그런 워렌 버핏도 실수와 실패를 거듭했다는 사실은 나 같은 투자 초보자에게 큰 위안이 된다.

 나는 이제 막 투자를 시작한 입문자다. 몇 년 전부터 관심을 가져왔지만 실제 행동에 옮긴 것은 얼마 되지 않았다. 처음에는 무서웠다. 내가 번 소중한 돈을 잃을 수도 있다는 생각에 망설였다. 주변에서 주식으로 큰돈을 잃었다는 이야기를 들을 때마다 더욱 겁이 났다. 하지만 동시에 인플레이션으로 인해 은행에만 돈을 넣어두면 실질적으로 돈의 가치가 떨어진다는 것도 알게 되었다.

그래서 조금씩 공부하기 시작했다. 유튜브 영상을 통해 PER, PBR, ROE 같은 기본 용어들과 재무제표 보는 법을 차근차근 익혔다. 그런데 영상마다 하는 말이 다르고, 전문가들도 서로 다른 의견을 제시하는 경우가 많아 혼란스러웠다. 어떤 사람은 지금이 매수 타이밍이라고 하고, 다른 사람은 조심해야 한다고 했다. 그때 깨달았다. 아무리 전문가라고 해도 미래를 정확히 예측할 수는 없다는 것을. 그렇다면 나는 어떻게 해야 할까 고민하던 중, 독서를 통해 투자 마인드셋을 정립할 수 있었다.

워렌 버핏은 "주식시장에서 돈을 잃지 않는 방법은 두 가지뿐이다. 첫째, 절대로 돈을 잃지 마라. 둘째, 첫 번째 규칙을 절대로 잊지 마라"라고 했다. 물론 이는 농담 반 진담 반의 표현이지만, 손실을 최소화하는 것의 중요성을 강조한 말이다. 주식 시장에서 지지 않는 현실적인 방법은 매수 후 장기 보유, 즉 함부로 매도하지 않는 전략이다. 단순하지만 실행하기는 쉽지 않은 전략이다.

투자 기업에 대해 깊이 공부한 뒤 충분히 이해했다 싶으면 꾸준히 매수하면 된다. 문제는 이 '깊이 공부한다.'는 부분이다. 나는 아직 기업 분석에 익숙하지 않다. 재무제표를 봐도 숫자들이 무엇을 의미하는지 완전히 이해하지 못한다.

확실한 것은 빚을 내서 투자하는 것은 위험하다는 점이다. 적은 돈이라도 내 돈으로 투자해야 한다. 이 부분은 여러 투자서에서 반복해서 강조하는 내용이라 확실히 마음에 새겼다. 대출로 투자하면 수익 시에는 레버리지 효과를 볼 수 있지만, 손실 시에는 빚까지 떠안게 되어 더 큰 고통을 받게 된다. 혼자일 때는 나만 속상하고 아프면 그만이다. 하지만 가족과 함께한다면 고통은 배가 된다. 가족 모두가 예민해지고 날카로워질 수 있으며 몸과 마음이 아픈 것은 기본이다. 나는 매달 용돈에서 일정 금액을 떼어내어 투자하고 있다. 큰돈은 아니지만 잃어도 생활에 지장이 없는 수준에서 시작했다.

처음 몇 개월은 변화가 티가 나지 않을 수 있다. 매수 타이밍에 따라서는 매수 후 줄곧 하락세를 탈 수도 있다.

실제로 내가 처음 산 몇 개 주식은 매수 직후 계속 떨어졌다. 매일 앱을 확인할 때마다 파란색 숫자를 보며 마음이 아팠다. '내가 잘못 샀나?', '지금 팔아야 하나?' 하는 생각이 들었다. 다행히 독서를 통해 형성된 마인드셋이 나를 붙잡아 주었다.

투자할 기업에 대한 공부가 반드시 필요한 이유다. 공부가 충분히 되었다면 그 기업을 믿어야 한다. 하루하루 일희일비할 필요가 없다. 그것은 시간 낭비일 뿐이다. 이 부분이 가장 어렵다. 이론적으로는 알고 있지만 실제로는 자꾸 앱을 확인하게 된다. 아침에 일어나면 주식이 올랐나 떨어졌나 확인하고, 점심시간과 퇴근 후에도 다시 본다. 어차피 자주 본다고 해서 떨어질 주식이 오를 것도 아닌데 말이다.

나 같은 입문자에게는 자동 매수나 적립식 투자 시스템이 도움이 된다. 매달 일정한 날짜에 자동으로 일정 금액이 투자되는 방식이다. 심지어 매일 모으기 시스템도 있다. 이렇게 하니 매번 언제 살지 고민하지 않아도 되고, 감정적인 판단을 줄일 수 있었다.

'기업 공부는 어렵지만 주식 투자는 해보고 싶다'는 사람들에게는 뱅가드그룹의 창업자 존 보글이 쓴 『모든 주식을 소유하라』를 추천한다. "건초더미에서 바늘을 찾으려 애쓰지 말고 그 건초더미를 다 사라"는 이 책의 핵심 메시지다. 개별 주식을 고르는 대신 시장 전체에 투자하는 인덱스 펀드를 통해 투자하라는 것이다.

이 책은 한 번만 읽어서는 마인드셋을 갖기 어렵다. 나는 분기별로 한 번씩 읽으며 '매수 후 장기보유'의 원칙을 되새긴다. 벌써 네 번째 읽고 있는데, 읽을 때마다 새로운 깨달음을 얻는다. 처음에는 단순한 정보 습득 차원이었다면, 두 번째는 실제 투자를 시작한 후라 더 와 닿았고, 세 번째는 시장 변동성을 경험한 후라 책의 메시지가 더욱 절실하게 느껴진다. 당장의 주가 움직임에 일희일비할 필요가 없다는 뜻이다. 기업의 진정한 가치는 결국 시간이 증명해 줄 것이다.

나도 장기간 투자를 통해 언젠가는 투자 입문서를 쓰는 날이 오길 희망한다. 아직은 초보자에 불과하지만 독서, 달리기, 글쓰기를 매일 하는 것처럼 투자도 조금씩 꾸준히 하다보면 언젠가는 내 경험을 바탕으로 다른 초보 투자자들에게 도움이 되는 글을 쓸 수 있을 것이라고 믿는다. 지금 실패하더라도 그 모든 것이 경험이 되고 나중에 글감이 될 것이라고 생각한다.

투자에서 실패를 경험해도 괜찮다. 사실 괜찮다고는 했지만 실패하지 않고, 계속해서 성공하길 바란다. 투자 실패 경험이 괜찮다고 했지, 썩 기분 좋은 것이라고는 하지 않았다. 중요한 것은 실패에서 배우는 것이다. 배움을 통해 같은 실수를 반복하지 않으면 된다. 그리고 포기하지 않고 꾸준히 하는 것이다. 나는 아직 큰 성공도 큰 실패도 경험하지 못했다. (우리 집은 아내 계좌로 일원화되어 있기 때문이다!) 하지만 작은 변동성들을 겪으면서 조금씩 마음이 단단해지는 것을 느낀다. 완벽한 투자자가 되려고 하지 않는다. 그저 꾸준히 배우고 성장하는 투자자가 되고 싶다.

저자 추천

'투자 마인드셋을 위한 두 권의 추천도서'

1. 『모든 주식을 소유하라』 - 존 보글

뱅가드그룹 창업자인 존 보글이 개별 주식 선택의 어려움을 피하고 시장 전체에 투자하는 인덱스 펀드 투자의 철학을 담은 책이다. "건초더미에서 바늘을 찾으려 애쓰지 말고 그 건초더미를 다 사라"는 핵심 메시지로, 특정 종목을 골라내려는 노력보다는 시장 전체의 성장에 베팅하라고 조언한다. 복잡한 투자 기법이나 시장 타이밍보다는 단순하고 지속가능한 전략의 중요성을 설파한다. 투자 초보자들이 흔히 빠지는 함정들을 피하고 꾸준한 적립식 투자를 통해 장기적 부를 축적할 수 있는 방법을 제시한다. 다소 반복적인 내용이 많지만 인덱스 투자의 기본 철학을 확고히 하는 데 도움이 된다.

'Simple is Best'

2. 『바빌론 부자들의 돈 버는 지혜』 - 조지 S. 클레이슨

고대 바빌론을 배경으로 한 우화 형식으로 부의 축적 원리를 설명하는 고전적인 재정관리서다. "수입의 10분의 1을 저축하라", "돈이 돈을 낳게 하라", "신중한 투자를 하라" 등 7가지 황금법칙을 통해 부자가 되는 기본 원칙들을 제시한다. 1920년대 책이지만 그 원리들은 현재까지도 유효하다. 스토리텔링 방식으로 되어 있어 딱딱한 경제서보다 읽기 쉽고 기억에 오래 남는다. 특히 절약과 저축의 중요성, 복리의 마법, 그리고 투자 시 리스크 관리의 필요성을 강조한다. 돈에 대한 기본적인 마인드셋과 습관 형성에 중점을 둔 책이다.

책이 많이 팔리지 않아도 괜찮아

 살면서 책을 낸다는 것은 정말 특별한 일이다. 『아이들은 죄가 없습니다』라는 제목의 책을 들고 출판사에서 나올 때의 그 기분을 아직도 생생하게 기억한다. 학교전담경찰관으로 일하면서 직접 겪은 이야기들, 위기에 처한 아이들과의 만남, 학교폭력 현장에서 느꼈던 안타까움과 희망을 고스란히 담은 책이었다.

 처음 책을 손에 쥐었을 때의 벅찬 감정은 말로 표현하기 어려웠다. 내가 쓴 글이 정말 책으로 출간되었다는 사실이 믿기지 않았고, 동시에 엄청난 뿌듯함과 기대감이 밀려왔다. 내심 '이 책은 정말 많은 사람들이 읽어야 해'

라는 확신이 있었다. 10대 청소년들 사이에서 발생하는 학교폭력은 늘 사회적 이슈이고, 현장에서 직접 경험한 생생한 이야기니까 당연히 관심을 받을 거라고 생각했다. 베스트셀러까지는 아니더라도 적어도 부모 교육 분야에서는 화제가 될 거라고 기대했다. 지금 돌이켜보면 참 순진했다. 책을 쓰는 것과 책이 팔리는 것은 완전히 다른 영역이라는 걸 그때는 몰랐다.

출간 첫 주, 나는 하루에도 수십 번씩 인터넷 서점 순위를 확인했다. 예약판매 기간 중에 아주 잠시나마 교육 분야 100위권에 들었을 때는 정말 기뻤다. '첫 책부터 베스트셀러가 될 수도 있는 건가?'라는 착각을 했다. 지인들에게 조심스럽게 책 출간 소식을 알렸고, SNS에도 나름 열심히 홍보 글을 올렸다. 가족들도 기뻐해 주었고, 친구들도 축하해 주었다. 모든 게 순조로워 보였다.

하지만 시간이 지날수록 현실이 보이기 시작했다. 순위는 일주일 만에 100위권 밖으로 밀려났고, 판매량도 기대에 한참 못 미쳤다. 처음에는 '아직 시작 단계니까' 하며 스스로를 달랬지만, 한 달, 두 달이 지나도 상황은 크게 달라지지 않았다. 주변 사람들이 "책 많이 팔렸어?

베스트셀러 작가 되면 부자 되는 거야? 사인 받아놔야 하는데. 나중에 유퀴즈 나가는 것 아니야?"라고 한 마디씩 할 때마다 멋쩍게 웃으며 대답을 얼버무렸다.

솔직히 말하면 부끄러웠다. '내 이야기가 별로였나? 글 실력이 부족했나?' 자꾸만 자책하게 됐다. 아이들을 위한다는 마음으로 썼는데, 정작 많은 사람들에게 읽히지 못한다면 무슨 의미가 있을까 싶었다. 그러던 어느 날, 예상치 못한 메시지 하나를 받았다. "선생님 책을 읽고 정말 많은 도움이 됐습니다. 저도 교직에 있는데, 사각지대에 있는 학생들을 대할 때마다 선생님 책에서 읽은 내용이 생각나요. 아이들을 바라보는 시각이 많이 바뀌었어요. 감사합니다." 한 통의 메시지였지만, 그 순간 뭔가 확 깨달았다. 책이 많이 팔리는 게 중요한 게 아니었다. 정말 필요한 한 사람에게, 적절한 시기에, 딱 맞는 메시지를 전달하는 것. 그게 더 중요했다.

책에도 운명이 있다. 많은 사람에게 읽히는 것만이 책의 가치는 아니다. 정말 필요한 단 한 사람에게 닿는 것, 그것이 어떤 책의 진짜 운명일 수 있다. 그 생각을 하니 마음이 한결 가벼워졌다. 판매량이라는 숫자에 매몰되어 있던 내가 부끄러워졌다. 그 후로도 간간이 메시지가 왔다. 학부모, 학교 교육복지사, 청소년 관련 업무에 종사하는 분들이었다. 모두 "도움이 됐다", "위로가 됐다", "아이들에 대한 인식이 바뀌었다"는 내용이었다. 그럴 때마다 '아, 이것만으로도 충분하구나' 싶었다.

이번 책을 준비하면서도 마음이 많이 달라졌다. 솔직히 작가라면 누구나 한 번쯤 꿈꾸는 베스트셀러 작가가 목표이지만, 그에 앞서 진정성 있는 작가의 모습에 더 집중하게 됐다. 30대 후반, 두 아이의 아빠로서 겪는 일상의 이야기들. 완벽하지 않아도, 다 못해도 괜찮다는 메시지. 이것도 누군가에게는 필요한 이야기일 거라고 믿는다. 육아휴직을 하면서 느끼는 소소한 행복들, 아이들과 함께하는 평범한 일상, 알람과 씨름하는 아침, 때로는 지쳐서 낮잠을 자는 오후, 아내에게 혼나면서도 인생을 즐기는 남편. 이런 이야기들이 과연 책이 될 만한 가치가 있을까 하는 의구심이 들 때도 있지만, 내가 이런 고민을 한다면 분명 어딘가에서 비슷한 생각을 하는 사람이 있을 것이다.

이번 책도 많이 팔리지 않을 수 있다. 아니 출간조차

되지 않을 수도 있다. 하지만 괜찮다. 어딘가에서 비슷한 고민을 하고 있을 누군가에게, 힘들어하는 어른들에게, '나만 이런 게 아니구나' 하는 위로가 될 수 있다면 그것으로 충분하다.

작가는 무엇보다 자신의 진심을 담아 써야 한다. 독자를 의식하기보다는 자신이 진정 쓰고 싶은 이야기를 솔직하게 풀어내는 것이 중요하다. 글을 쓰고 책을 출간한다는 것은 결국 '나'를 알아가고, 내 이야기를 정리하는 과정이기도 하다. 그 과정에서 나 자신도 많이 배우고 성장한다. 글을 쓰면서 내가 무엇을 소중하게 여기는지, 어떤 가치관을 가지고 살아가는지 더 명확해졌다. 독자가 한 명이든, 천 명이든, 만 명이든 그건 사실 큰 의미가 없다. 중요한 것은 진심을 다해 쓰는 것, 그리고 정말 전하고 싶은 메시지가 있는 것이다.

물론 많은 사람들이 읽어주면 더 좋겠지만, 그것이 글을 쓰는 유일한 이유는 아니라는 걸 이제는 안다. 내 목표는 여전히 '베스트셀러 작가'이지만, 그게 전부는 아니다. 중요한 건 진정성 있는 이야기를 꾸준히 써나가는 것, 그리고 내가 전하고 싶은 메시지가 정말 필요한 사람에게 닿는 것이다.

 책이 많이 팔리지 않아도 괜찮다. 완벽하지 않아도 괜찮고, 베스트셀러 작가가 되지 않아도 괜찮다. 나는 오늘도 누군가에게 작은 위로가 될 수 있는 글을 쓰기 위해 노트북 앞에 앉는다.

 탈고를 하는 과정에서 10월 1일 나의 두 번째 책이 출간되었다. 에세이가 아닌 '하루 5분, 나를 찾는 컬러도트 감정필사' 노트이다. 하루도 빠짐없이 매일 좋은 문장들을 필사하며 문득 '내 이름으로 된 필사노트 한 번 만들어보고 싶다.'라는 생각이 들었다. 이 생각들은 혼자서 매일 달리기를 하며 일반 필사노트가 아닌 컬러도트를 삽입하는 결과를 낳았다. 하루 5분, 단 5분이지만 필사 전후로 자신의 감정도 확인해봤으면 좋겠다는 아이디어가 떠올랐다. 실물 사이즈가 공책 같은 큰 사이즈에 내지 글씨들도 큼지막하여 책을 받아 본 독자가 "50대가 되어 종이책 작은 글씨를 읽는데 힘겨웠는데 이번 최작가님의 필사책은 글씨도 커서 남녀노소 누구나 쓸 수 있겠어요."라고 평가해주었다. 이외에도 평소에도 필사를 잘하는 분들이 좋은 평가를 해주어 첫 번째 책보다 두 번째 책에 대한 피드백을 더 많이 들을 수 있었다. 물론 개인 에세이와 필사노트가 완전히 다른 분야이긴 하지만 모든 피드백을 감사히 받았고, 앞으로 더 독자 분들과 소통하는 책을 쓰고 싶어졌다. 쉽게 읽히고, 사랑받는 그런 책.

많이 쓰지 않아도 괜찮아

2025년 1월 1일부터 하루도 빠짐없이 글을 쓰고 있다. 어느덧 10월, 알록달록한 가을이 되었다. "요즘 뭐 이리 바빠? 뭐 하면서 지내?"라는 물음에 "집에서 내 지정석에 앉아서 책도 보고 글 쓰면서 지내"라고 답한다. "역시, 국어교육과를 졸업해서 독서와 글쓰기를 잘하는구나."라고 하면 나는 민망해하며 "독서랑 글쓰기는 국어교육과랑 상관없어. 솔직히 국어교육과가 적성에 맞았으면 임용고시 공부해서 국어 선생님 했겠지."라며 웃으며 넘긴다.

어디 가서 국어교육과를 졸업했다고 말하기에는 나의

국어 실력이 너무나 형편없다. 어쩌면 현재의 형편없는 국어 실력을 깨달아서 지금부터라도 독서와 글쓰기에 열을 올리고 있는지도 모르겠다. 그런데 어딜 가나 책을 출간했다고 하면 "역시 국어교육과 출신~", 굳이 그렇다면 아마도 전국 국어교육과 출신 중에 국어를 가장 못하는 작가일 것이다.

글쓰기라고 해서 거창한 것은 아니다. 하루를 마무리하는 일기 쓰기도 글쓰기이고, 하루 한 문장 혹은 좋은 글귀를 필사하는 것도 글쓰기다. 오히려 아무런 주제 없이 백지에 글을 쓰는 행위가 더 어려울 때도 있다. 무에서 유를 창조하는 것이 어렵다. 모방은 쉽다. 그 쉬운 모방조차 하지 않는 사람들이 훨씬 많기에 이렇게 특출나지 않은 나조차도 열을 올리고 매일 써서 알리고자 한다.

책을 출간하기 위한 글쓰기는 또 다르다. 처음부터 책을 출간하기 위해 제목과 목차를 정리해 놓고 쓰는 것과 일단 자유롭게 쓰다 보니 양이 많아져서 '책으로 출간해 볼까?' 하는 생각이 드는 경우가 있는데, 아무래도 다른 글쓰기와 달리 책 쓰기는 어느 정도 틀은 잡아 놓고 쓰는 것이 좋다.

일기를 포함해 글쓰기를 해보지 않은 사람이 처음부터 책 쓰기에 도전하는 것은 무모해 보일 수도 있다. 하지만 아예 불가능한 것도 아니다. 글감에 대한 지식과 경험이 풍부하다면 글을 잘 쓰지 않아도 술술 써 내려갈 수 있다. 한 분야의 전문성이 있다면 그 분야에 대해 책 한권이 뚝딱 나올 수도 있지만 아무래도 자신만의 개성, 진정성 있는 스토리가 있다면 큰 강점으로 독자들의 이목을 사로잡는 더 좋은 콘텐츠가 될 수 있다.

1년에 책 한권 읽지 않는 지인에게 독서와 글쓰기를 추천해 본적이 있다. 처음부터 '글쓰기'라고 하면 어색하고 거리감이 생길 수 있다. '억지로 쓰는 행위'보다 한 단어 혹은 한 문장으로 '나를 위해 기록하는 습관들이기'라고 하면 조금이나마 친숙하지 않을까. 이마저도 어렵다면 먼저 필사해보는 것을 추천한다.

김신지 작가의 『기록하기로 했습니다』에서 이런 구절이 나온다.

"매일 쓰는 사람이 그렇지 않은 사람에 비해 조금이라도 더 나은 사람이 될 가능성이 있다면, 그건 훗날 돌아볼 기록이 과거를 반성하게 해 주어서가 아니라 현재에서 나와 마주 앉는 시간을 꾸준히 보내기 때문일 거예요."

이 부분에서 깊은 공감을 했다. 이래도 기록하지 않을 셈인가. 거듭 강조하지만 독서와 글쓰기는 선택이 아니라 반드시 해야 하는 필수 사항이다.

이미 지난 과거에 대해 반성한다고 돌이킬 수는 없다. 하지만 같은 실수와 잘못을 반복해서는 안 된다. 독서를 하고 글을 쓰는 행위가 타인에게 '제 취미는 독서와 글쓰기예요.'라고 보여주려는 것이 아닌 '나 자신과의 소통'인 셈이다.

버지니아 울프는 일기 쓰기를 "좋은 훈련"이라 여겼다. 스스로 성장하려면 자신과의 싸움에서 이겨야 한다. 그러려면 나는 누구인지, 무엇을 잘하고 좋아하는지 먼저 파악해야 한다.

우리가 빠르게 변하는 트렌드를 좇을 필요까지는 없지만 요즘 트렌드가 어떤지, 인지는 해야 한다. 마찬가지로 나 스스로를 파악하기 위해 하루에 2~3시간씩 매일 독서하고 글을 쓰라는 것은 아니다. 일상의 루틴이 매일 같을 수는 없다. 내 몸 컨디션도 그날그날 다르다. 물론 나의 하루 루틴을 가급적이면 같은 시간대에 같은 행동을 하는 것으로 세팅해두면 가장 좋겠지만 변수는 늘 존재한다.

컨디션이 좋은 날에는 1시간 내로 독서와 글쓰기를 하면 되고, 일정이 바쁘거나 컨디션이 좋지 않을 때는 5~10분 정도만 투자해서 짧게나마 기록을 하면 된다. '나는 의지가 약해서 작심삼일을 넘기기 힘들다.'는 사람은 독서 모임, 글쓰기 모임에 참여해서 의지가 강한 사람들과 함께 해나가면 된다.

분명 그 모임에는 강력한 의지를 가지고 독서와 글쓰기뿐 아니라 개인 운동 등 소위 '부지런하거나 자기 관리의 끝판왕'들이 존재할 것이다. 독서와 글쓰기 모임에 들어갔을 뿐인데 운동, 자기 관리에 대한 자극까지 받는다면 일석이조를 넘어선다.

자기 계발과 자기 관리의 일환으로 독서와 글쓰기를 추천하는 이유는 접근성 때문이다. 주변에 도서관도 많다. 그리고 글쓰기는 펜 한 자루와 종이만 있으면 된다. 이것도 힘들다고? 노트북이나 스마트폰에 메모하고 기록하면 된다. 어떻게든 하지 않으려고 마음먹으면 멀어지게 된다. 반대로 어떻게든 시간을 내서 하겠다고 다짐하면 뭐든지 다 할 수 있게 된다.

"아마추어는 영감을 기다리고, 나머지는 일어나서 일한다." 영감을 기다리지 말고, 꾸준히 일해야 한다는 뜻이다. 모두에게 24시간은 똑같이 주어진다. 하루 종일 스마트폰으로 기억조차 못 할 쇼츠 영상만 볼 것인가, 나를 위해 매 순간을 기록할 것인가. 선택은 나의 몫이다.

많이 쓰지 않아도 괜찮다. 중요한 건 시작하는 것이고, 나와 마주하는 시간을 갖는 것이다. 하지만 나를 위한 기록만큼은 포기하지 말자.

저자 추천

'글쓰기 입문자를 위한 세 권의 추천도서'

1. 『기록하기로 했습니다』 - 김신지

일상의 기록과 관찰에서 시작하는 글쓰기 접근법을 다루고 있어, 글쓰기에 부담을 느끼는 초보자들에게 친근하게 다가갈 수 있는 책. 특히, '무엇을 써야 할지 모르겠다.'는 고민이 많은 입문자들에게 실용적인 도움이 될 것이다.
"기록은 어디까지나 즐거워서 하는 일이어야 합니다. 나를 위한 일이니까요. 평범한 일상을 특별히 소중하게 여기기 위해, 오늘을 미래로 부쳐두기 위해, 내 인생의 순간들을 간직하기 위해 우리는 기록을 다짐합니다."

2. 『책쓰기가 이렇게 쉬울 줄이야』 - 양원근

책 쓰기에 대한 부담감을 덜어주고 실용적인 노하우를 제공하는 접근을 취하고 있다. 입문자들이 느끼는 '글쓰기는 어렵다.'는 선입견을 깨는데 도움이 될 것이다.

3. 『유혹하는 글쓰기』 - 스티븐 킹

스티븐 킹의 자전적 글쓰기 지침서이다. 전반부는 그의 성장기와 작가가 되는 과정을, 후반부는 매일 쓰기, 첫 고쳐쓰기에서 10% 줄이기, 독서의 중요성 등 실용적 조언을 담고 있다.

홍보 서툴러도 괜찮아

첫 책 『아이들은 죄가 없습니다』가 출간되었을 때만 해도 엄청나게 잘 팔릴 것으로 예상했다. 10년간 학교전담경찰관으로 일하면서 직접 겪은 생생한 이야기를 담았고, 학교폭력은 늘 사회적 이슈이기에 당연히 많은 사람들이 관심을 가질 거라고 생각했다. 책이 나오기 전부터 머릿속으로는 온갖 상상을 했다. 언론에서 인터뷰 요청이 올 것이고, 독자들의 후기가 쏟아질 것이고, 베스트셀러 목록에 이름이 오르는 상상까지 했다. 출판사에서 책을 받아들고 집으로 돌아오는 길의 뿌듯함과 내 이름이 적힌 책을 처음 받아본 그 순간의 감동은 지금도 생생하다.

하지만 막상 홍보를 시작하려니 막막했다. 어떻게 해야 할지 전혀 몰랐다. 출판사에서는 기본적인 온라인 서점 등록은 해주었지만, 나머지는 저자가 직접 해야 하는 부분이었다. 결혼식 청첩장을 나눠줄 때 이후로 오랜만에 느끼는 부끄러움이었다. 청첩장은 그래도 기쁜 일이니까 사람들이 축하해 주었지만, 책은 '내가 쓴 책 좀 구매해주세요'라고 부탁하는 느낌이어서 더 부끄러웠다.

지인들에게 메시지를 보내려고 여러 번 시도했다가 지웠다. '너무 노골적인 것 같나?', '부담스러워하면 어떡하지?' 하는 생각들이 머릿속을 맴돌았다. 결국 가까운 가족들과 몇몇 친구들에게만 조심스럽게 책 소식을 알렸다. 그마저도 "관심 있으면 한 번 봐 달라"는 식으로 에둘러 표현했다. 지금 생각해보면 정말 소극적이었다. 내가 10년 동안 쌓아온 경험과 노하우를 담은 책인데, 왜 그렇게 자신 없어 했을까 싶다.

SNS를 체계적으로 관리하지 않았던 점도 큰 실수였다. 요즘은 SNS가 홍보의 기본이라고 하는데, 나는 그런 준비가 전혀 되어 있지 않았다. 인스타그램 계정은 있었지만 아이들 사진을 올리는 정도였고, 팔로워도 가족과 몇몇 친구들뿐이었다. 책이 나온 후에야 급하게 책 관련 게시물을 올렸지만 반응은 미미했다.

세스 고딘은 자신이 자랑스러워 할 수 있는 마케팅을 하라고 조언한다. 하지만 나는 자랑스러운 내 책조차 제대로 알릴 용기가 없었다. 해시태그는 어떻게 쓰는지, 어떤 내용을 올려야 사람들이 관심을 가질지 감조차 잡히지 않았다. 다른 작가들 계정을 들여다보며 '아, 저렇게 하는 거구나' 뒤늦게 깨달았을 때는 이미 늦었다. 책은 출간 초기 파급력이 중요한데, 나는 그 골든타임을 놓쳐버렸다.

평소 인간관계에 있어서 소통의 부재가 이번 홍보 과정에서 여실히 드러났다. 나는 원래 적극적으로 사람들과 관계를 맺는 성격이 아니다. 직장에서도 업무 관련해서만 대화하고, 사적인 모임은 가급적 피하는 편이었다. 그런 성향이 책 홍보에서는 치명적인 단점이 되었다. 홍보라는 것이 결국 사람들과 소통하고 관계를 맺는 일인데, 평소에 그런 관계를 쌓아두지 않았으니 갑자기 책이 나왔다고 해서 도움을 요청하기가 어려웠다.

어렸을 때부터 상대방에게 부탁하는 것을 어려워했다.

자존심 때문인지, 아니면 상대방에게 부담을 주고 싶지 않아서인지 모르겠지만 도움을 요청하는 것이 쉽지 않다. '책 한 권만 구매해주세요.'라는 말이 왜 그렇게 어려웠는지 모르겠다. 사실 책값이 그렇게 큰돈도 아니고, 지인들도 충분히 도움을 줄 의향이 있었을 텐데 나 혼자 고민만 하고 있었다.

몇몇 친한 친구들이 먼저 책을 주문했다고 구매 인증 사진을 보내며 연락을 줄 때 정말 고마웠다. 그때 깨달았다. 사람들은 생각보다 남의 일을 응원해 주고 싶어 한다는 것을. 내가 먼저 겁을 먹고, 벽을 쌓고 있었던 것이다.

책 출간 기념회도 생각하지 않았다가 '한 번 해볼까?' 싶다가도 '내가 베스트셀러 작가도 아니고, 무슨 출간 기념회야'라고 생각하며 결국 하지 않았다. 지금 생각해보면 정말 아쉽다. 첫 책 출간이라는 것은 정말 특별한 일인데, 그 의미를 제대로 기념하지 못했다. 작은 규모라도 가족들이나 가까운 지인들과 함께 의미를 나누는 자리를 만들었다면 좋았을 것이다.

홍보 과정에서 가장 힘들었던 것은 거절당하는 것에 대한 두려움이었다. 사실 대부분의 사람들은 정중하게 거절하거나 무반응일 뿐인데, 나는 그것조차 견디기 어려웠다. 몇 번의 시도 끝에 용기를 내서 연락한 사람이 별다른 반응을 보이지 않으면 '역시 내 책은 별로인가보다' 하는 생각이 들었다.

브레네 브라운은 『마음 가면』에서 "취약함은 약함이 아니다. 그것은 용기를 측정하는 가장 위대한 척도다."라고 말했다. 시간이 지나 깨달은 건 당연한 사실이었다. 사람마다 관심사가 다르고 책 취향도 다르다는 것. 내 책에 관심이 없다고 나를 싫어하거나 내 책이 형편없다는 뜻은 아니었다. 나는 모든 걸 너무 개인적으로 받아들이고 있었다.

몇 달이 지나고 나서야 조금씩 홍보 요령을 터득했다. SNS 활용법도 배우고, 독서모임에도 참여해 보았다. 처음에는 어색하고 떨렸지만 점차 익숙해졌다. 무엇보다 작가, 독자들과 직접 만나서 대화를 나누는 경험이 소중했다. 내 책을 읽고 크게 공감했다는 분들의 이야기를 들을 때 정말 보람을 느꼈다.

다음 책이 나오면 지난번보다는 더 적극적으로 홍보해 볼 생각이다. 이제는 조금 더 자신감을 갖고 내 책을 알릴 수 있을 것 같다. 무엇보다 평소에 사람들과 관계를 꾸준히 맺어나가는 것이 중요하다는 걸 배웠다. SNS도 미리 준비해서 체계적으로 관리할 생각이다.

물론 여전히 서툴 것이다. 완벽한 홍보는 어려울 것이다. 하지만 그래도 괜찮다. 서툰 홍보라도 진심이 담겨 있다면 분명 누군가에게는 전달될 것이다. 첫 번째 책을 통해 배운 가장 중요한 교훈은 완벽하지 않아도 시작하는 것이 중요하다는 것이었다.

홍보를 서툴게 해도 괜찮다. 중요한 것은 내가 전하고 싶은 이야기가 있고, 그것을 필요로 하는 독자들이 있다는 사실이다.

매일 확인하지 않아도 괜찮아

 투자를 처음 시작할 때 가장 큰 유혹 중 하나가 바로 매일 주가를 확인하는 것이다. 내가 매수한 주식이 얼마나 올랐는지, 혹은 얼마나 떨어졌는지 궁금해서 하루에도 몇 번씩 앱을 켜게 된다. 마치 로또 당첨 번호를 확인하는 것처럼 설레고 두근거리는 마음으로 화면을 들여다본다. 빨간색 숫자를 보면 기분이 좋아지고, 파란색 숫자를 보면 하루 종일 우울해진다. 나 역시 처음에는 그랬다. 아침에 일어나자마자, 점심시간에도, 퇴근 후에도 확인했다. 주말에도 마찬가지였다. 주식 시장이 열리지 않는 시간에도 해외 지수나 선물 시장을 보면서 월요일에는 어떻게 될까 예상해보곤 했다.

그런데 그렇게 매일 확인한다고 해서 수익률이 좋아지는 것도 아니었다. 오히려 단기적인 등락에 일희일비하면서 스트레스만 쌓였다. 화면을 볼 때마다 마음이 들썩였고, 하루 종일 주식 생각만 하게 되었다. 회사에서 일을 하다가도 틈틈이 차트를 들여다보는 자신을 발견할 때가 많았다. 처음에는 이런 행동이 당연하다고 생각했다. 내 돈을 투자한 것인데 관심을 갖는 게 당연하지 않나 싶었다. 하지만 점점 이런 습관이 나에게 도움이 되지 않는다는 것을 깨달았다. 단기적인 변동에 너무 민감하게 반응하다 보니 장기적인 관점을 잃어버리게 되었다. 주가가 조금만 떨어져도 '이 주식을 잘못 샀나?' 하는 의심이 들고, 조금만 올라도 '지금 팔아야 하나?' 하는 유혹에 시달렸다.

행동경제학자 대니얼 카너먼은 『생각에 관한 생각』에서 "손실 회피 편향"에 대해 설명했다. 사람들은 같은 크기의 이득보다 손실을 약 1.5~2.5배 더 크게 느낀다는 것이다. 매일 주가를 확인하는 것은 이런 심리적 편향을 더욱 증폭시킨다. 그래서 의식적으로 확인 횟수를 줄여나갔다. 하루에 세 번 보던 것을 두 번으로, 두 번을 한 번으로, 한 번을 이틀에 한 번으로 점차 줄여갔다. 처음에는 불안했다. 혹시 큰 변화가 있는데 내가 모르고 있는 건 아닐까 하는 걱정이 들었다. 하지만 시간이 지나면서 깨달았다. 하루나 이틀 정도 확인하지 않는다고 해서 큰 변화가 일어나는 것은 아니고, 설령 큰 변화가 있다고 해도 나는 어차피 매도할 생각이 없으니까 크게 상관없었다.

이런 변화는 내 투자 철학과도 관련이 있다. 투자를 시작하면서 여러 책을 읽고 공부하다 보니 장기투자의 중요성을 알게 되었다. 단기적인 등락보다는 기업의 본질적 가치에 집중해야 한다는 것, 좋은 기업을 적정 가격에 사서 오래 보유하는 것이 최선이라는 것을 배웠다. 매일 주가를 확인하는 습관을 버리는 것이 장기투자로 가는 첫걸음이었던 것 같다. 최근에는 '매수' 버튼은 그대로 두고, '매도' 버튼을 없애버리면 주식하는 모든 사람들이 부자가 될 수 있을 것이라는 행복한 상상을 해봤다.

이제는 주가가 떨어질 때가 더 반갑다. '아, 더 싸게 살 수 있는 기회가 왔구나' 하는 생각이 든다. 물론 사람인지라 솔직히 떨어지는 것을 보면 기분이 좋지는 않지만,

그래도 추가 매수할 수 있는 기회라고 생각하니 견딜 만하다. 그러려면 평소에 현금 확보가 중요한데, 주식을 사기 위해 예전보다 더 절약하고 저축하는 습관이 생겼다.

매일 확인하지 않으니 다른 장점도 생겼다. 주식 투자로 인한 스트레스가 확실히 줄었다. 예전에는 장 마감 후 결과를 보면서 오늘 하루를 평가하는 기준이 되곤 했는데, 이제는 주식과 상관없이 하루를 보낸다. 대신 투자 공부에 더 집중할 수 있게 되었다. 차트를 보는 시간을 기업분석이나 투자서적 읽기에 활용하니 훨씬 생산적이다. 미국 주식을 할 때 확인하지 않는 팁이 있는데 미장이 열리는 22:30경에 나는 늘 달리고 있다. 아이들을 재운 뒤 21:30경부터 주로 달린다. 1시간에서 1시간 30분을 달리는 동안 미장은 열린다. 달리기를 마친 뒤, 귀가 후 씻고 하루를 마무리한다. 이렇게 의도적으로 주식을 확인하지 않는 방법도 있다.

가끔 지인들이 "요즘 주식 어때? 많이 벌었어?" 하고 물어볼 때가 있다. "장기 투자라서 아직 잘 모르겠어요. 그냥 꾸준히 사고 있어요. 그리고 제가 관리하지 않고 우리 집은 아내 계좌로 일원화되어 있어요."라고 대답한다.

실제로 그렇다. 3년, 5년, 10년 후의 결과가 중요하지, 지금 당장의 수익률은 크게 의미가 없다고 생각한다.

투자를 시작하면서 가장 많이 듣는 조언 중 하나가 "감정을 배제하라"는 것이다. 하지만 사람이 어떻게 감정을 완전히 배제할 수 있을까. 나 역시 감정적으로 반응할 때가 있다. 다만 그 감정에 휘둘려서 성급한 판단을 하지 않으려고 노력한다. 매일 확인하지 않는 것도 그런 노력의 일환이다. 자주 보면 자주 반응하게 되고, 자주 반응하면 감정적인 결정을 내릴 가능성이 높아진다.

찰리 멍거는 "인내심은 투자에서 가장 중요한 덕목 중 하나다. 좋은 투자 기회를 기다릴 줄 아는 것, 그리고 일단 투자하면 오래 기다릴 수 있는 것이 성공의 열쇠다"라고 말했다. 투자 초보자이지만 이것만큼은 말할 수 있다. 주식 투자를 할 때 마음가짐이 중요하다. 원하는 주식 종목을 매수했다면 마음이 평안해야 한다. 평안하지 않은 종목 매수는 도박과 다르지 않다.

투자와 투기의 차이도 여기에 있는 것 같다. 투자는 확신을 갖고 하는 것이고, 투기는 불안한 마음으로 하는 것이다. 그리고 투자는 손가락이 점잖은 모습이고, 투기는 손가락이 쉴 새 없는 모습을 보인다.

물론 아직 배울 게 많다. 투자 경험도 짧고, 큰 하락장을 겪어보지도 않았다. 지금까지는 비교적 좋은 시기에 시작해서 큰 어려움을 겪지 않았을 뿐이다. 그리고 걱정할 만큼의 투자금액이 아니다.(아직은!) 앞으로 어려운 시기가 올 때도 지금 같은 마음가짐을 유지할 수 있을지 확신할 수 없다. 그래서 끊임없이 책을 읽고, 마음을 다잡아야 한다.

하지만 적어도 지금까지의 경험으로는 매일 확인하지 않는 것이 나에게 도움이 되었다. 그저 꾸준하고 지속 가능한 투자를 하고 싶을 뿐이다. 매일 확인하지 않아도 괜찮고, 수익률이 좋지 않아도 괜찮고, 전문가만큼 잘 알지 못해도 괜찮다. 중요한 건 포기하지 않고 계속하는 것이다. 그리고 그 과정에서 조금씩 배우고 성장하는 것이다.

투자는 마라톤이지 단거리 달리기가 아니니까. 매일 확인하지 않아도 괜찮다.

저자 추천

'돈의 철학 정립을 위한 두 권의 추천도서'

1. 『부자의 그릇』 - 이즈미 마사토
일본의 성공한 사업가인 저자가 부자가 되기 위해서는 먼저 '부자의 그릇'을 키워야 한다고 주장하는 책이다. 그릇이 작으면 아무리 많은 돈이 들어와도 넘쳐흘러버린다는 비유를 통해 내적 역량의 중요성을 강조한다. 저자는 돈을 벌기 위한 기술이나 방법론보다는 부자가 되기 위한 자격과 준비가 우선되어야 한다고 말한다. 자기계발, 인간관계, 습관 형성 등을 통해 단계별로 자신의 그릇을 키워나가는 과정을 제시한다. 특히 부자들의 사고방식과 행동 패턴을 분석하여 일반인들이 따라할 수 있는 구체적인 방법들을 소개한다.
돈에 대한 두려움이나 죄책감을 버리고 건전한 부에 대한 욕구를 갖는 것부터 시작하라고 조언한다. 실무적인 투자 기법보다는 부를 받아들일 수 있는 마음의 준비와 역량 개발에 중점을 두고 있어 투자 초보자들의 기본기 다지기에 도움이 된다. 금방 읽을 수 있다.

2. 『돈』 - 보도 섀퍼
독일의 재정 코치인 저자가 돈에 대한 잘못된 믿음과 사고를 바로잡고 올바른 돈의 철학을 제시하는 책이다. 많은 사람들이 돈에 대해 갖고 있는 부정적인 신념들이 어떻게 형성되었는지 분석하고, 이를 극복하는 방법을 제시한다. '돈은 더러운 것이다', '부자는 나쁜 사람이다' 같은 사회적 편견들이 개인의 경제적 성공을 방해한다고 지적한다.

저자는 어린 시절부터 받은 돈에 대한 교육이나 주변의 영향이 성인이 되어서도 무의식적으로 작용한다고 설명한다. 돈을 긍정적으로 바라보는 관점의 변화가 실제 경제적 성과로 이어진다는 것을 강조한다. 구체적인 투자 상품이나 기법보다는 돈과 부에 대한 심리적 장벽을 허무는 데 초점을 맞춘다. 돈에 대한 건전한 마인드를 형성하고 싶은 사람들에게 유용한 내용을 담고 있다.

거창한 목표 없어도 괜찮아

 새해가 되면 사람들은 으레 거창한 목표를 세운다. "올해는 반드시 승진하겠다.", "이번 해에는 꼭 창업해서 성공하겠다.", "5년 후에는 이런 모습이 되어 있겠다." 같은 구체적이고 명확한 계획들을 세워놓고 그것을 달성하기 위해 달려간다. 나도 그런 사람들을 보면서 부러워했다. 저렇게 확고한 목표가 있고, 그것을 향해 체계적으로 나아가는 모습이 멋있어 보였다.

 반면 내 모습을 돌아보면 초라했다. "베스트셀러 작가"라는 막연한 꿈은 있지만, 그것을 위한 구체적인 로드맵은 없었다. 언제까지 몇 권의 책을 출간하겠다든지, 어떤 분야에서 전문성을 인정받겠다든지 하는 세부 계획이 전혀 없었다.

직장 동료들과 이야기할 때도 마찬가지였다. "10년 후에는 어떤 모습이고 싶어?"라는 질문을 받으면 늘 당황했다. 다른 사람들은 "부장이 되어서 팀을 이끌고 싶다", "독립해서 내 사업을 하고 싶다." 같은 명확한 답변을 했는데, 나는 "글쎄요, 잘 모르겠어요."라고 얼버무리기 일쑤였다. 그럴 때마다 '나는 왜 이렇게 목표 의식이 없을까', '이렇게 살아도 되는 걸까' 하는 자책감이 들었다.

성공한 사람들의 이야기를 들어보면 모두들 어린 시절부터 명확한 꿈이 있었고, 그것을 이루기 위해 차근차근 계획을 세워 실행했다고 한다. 나에게는 그런 뚜렷한 방향성이 없었다. 유명한 자기계발서들을 읽어보기도 했다. SMART 기법에 따라 구체적이고 측정 가능한 목표를 세우라고 했고, 5년, 10년 후의 모습을 그려보라고 했다. 그래서 한동안은 정말 열심히 계획을 세웠다. "3년 후에는 책 3권 출간", "10년 후에는 전업 작가로 전환" 같은 목표들을 적어 놨다. 미국 메이저리그를 평정하고 있는 오타니 쇼헤이의 만다라트 기법도 따라해 봤다.

하지만 시간이 지나면서 그 계획들이 얼마나 비현실적인지 깨닫게 되었다. 아이들을 키우면서, 직장 생활을 하면서, 집안일을 분담하면서 그런 목표들을 달성하기란 쉽지 않았다. 결국 몇 개월 만에 그 계획들은 서랍 속 깊이 들어가 있었다. 그런 경험들을 반복하면서 점차 깨닫게 된 것이 있다. 거창한 목표가 없어도 괜찮다는 것이었다. 대신 하루하루 주어진 일들을 성실히 해나가는 것만으로도 충분히 의미 있는 삶이라는 생각이 들었다.

존 레논은 "인생은 네가 다른 계획을 세우는 동안 일어나는 일"이라고 했다. 매일 아침 일어나 출근하고, 아이들과 시간을 보내고, 틈틈이 글을 쓰고, 가족과 저녁을 먹는 평범한 일상이야말로 가장 소중한 것이었다. 큰 그림을 그리는 것보다 오늘 할 수 있는 작은 일에 집중하는 편이 훨씬 현실적이었고, 오래 지속할 수 있었다.

예를 들어, "베스트셀러 작가가 되겠다."는 막연한 목표보다는 "오늘 한 페이지라도 써보자."는 작은 다짐이 더 의미가 있었다. "10년 후에는 유명한 작가가 되겠다."고 선언하는 것보다는 "이번 달에는 에세이 하나를 완성해보자"는 구체적이면서도 달성 가능한 목표가 더 도움이 되었다.

그런 작은 목표들을 하나씩 이뤄나가다 보니 어느새 올해 두 권의 책도 출간하게 되었고, 지금도 이렇게 세 번째 책을 위해 꾸준히 글을 쓰고 있다. 거창한 계획 없이도 조금씩 전진하고 있는 셈이다.

물론 때로는 불안할 때도 있다. 다른 사람들은 명확한 목표를 향해 달려가고 있는데, 나만 이렇게 계획 없이 살아도 되는 건가 싶은 마음이 든다. 특히 동창회나 모임에서 "요즘 뭐해?" "앞으로 계획은?" 같은 질문을 받을 때면 움츠러든다. "그냥 하루하루 살아가고 있어"라고 대답하기가 민망할 때가 있다. 하지만 그런 순간들을 지나면서 깨달은 것이 있다. 모든 사람이 같은 방식으로 살 필요는 없다는 것이었다. 어떤 사람은 명확한 목표를 세우고 그것을 향해 일직선으로 나아가는 것이 맞을 수 있고, 어떤 사람은 유연하게 상황에 맞춰 살아가는 것이 더 자연스러울 수 있다. 나는 후자에 가까운 사람인 것 같다.

미래를 예측하고 계획하는 것보다는 현재에 충실하면서 기회가 왔을 때 잡는 스타일이다. 첫 번째 책도 사실 계획해서 쓴 것이 아니라, 직장에서의 경험들을 정리하다 보니 자연스럽게 책으로 발전한 경우였다.

"인생은 여정이지, 목적지가 아니다"라는 말처럼, 평범한 일상에서 나만의 의미와 보람을 찾는 법을 배웠다. 아침에 아이들과 나누는 대화, 출근길 커피 한 잔, 퇴근 후 쓰는 일기 몇 줄, 주말에 가족과 보는 영화 한 편. 이런 것들이 거창한 목표보다 훨씬 확실한 행복을 준다는 걸 알았다. 큰 성취도, 드라마틱한 변화도 없지만 충분히 만족스러운 삶이었다.

가끔 "베스트셀러 작가가 언제쯤 될 수 있을까?" 하는 생각도 하지만, 그것이 인생의 전부는 아니라는 것을 안다. 설령 그 꿈이 이뤄지지 않더라도 괜찮다. 지금처럼 가족들과 함께 시간을 보내고, 일상의 소소한 이야기들을 글로 기록하고, 그것이 누군가에게 작은 위로가 된다면 그것만으로도 충분히 의미 있는 삶이다. 거창한 목표 없이도 하루하루를 성실하게 살아가는 것, 주어진 역할들을 최선을 다해 해나가는 것만으로도 충분히 가치 있다.

요즘은 "5년 후 계획이 뭐야?"라는 질문을 받아도 덜 당황한다. "특별한 계획은 없지만, 지금처럼 꾸준히 하루하루를 충실하게 살아가려고 해요"라고 내답한다. 그리고 그것이 부끄러운 일이 아니라는 것을 안다. 모든 사람이 CEO가 될 필요도 없고, 모든 사람이 유명해질 필요도 없다. 각자의 자리에서 각자의 방식으로 최선을 다하는 것만으로도 충분히 멋진 인생이다.

거창한 목표가 없어도 괜찮다. 구체적인 10년 계획이 없어도 괜찮다. 중요한 것은 오늘 하루를 의미 있게 보내는 것, 내게 주어진 일들에 최선을 다하는 것, 그리고 작은 행복들을 놓치지 않는 것이다. 그런 하루하루가 쌓여서 나만의 특별한 인생이 만들어진다고 믿는다.

계획이 아니라 마음가짐이 더 중요하다는 것을, 목표보다는 과정이 더 소중하다는 것을 이제는 안다.

특별하지 않아도 괜찮아

스마트폰을 켤 때마다 조금씩 위축된다. 인스타그램을 열면 화려한 여행 사진들이 가득하고, 페이스북을 보면 승진 소식, 창업 성공담, 아이들의 특별한 성취 소식들이 타임라인을 채운다. "드디어 꿈에 그리던 회사로 이직했습니다.", "올해 매출 목표 200% 달성!" 같은 글들이 넘쳐난다. 그런 글들을 보면서 문득 내 일상을 돌아본다. 30대 후반, 두 아이의 아빠, 평범한 직장인. 특별할 것 없는 일상의 연속이다. 아침에 일어나서 아이들 아침 챙겨주고, 출근해서 주어진 업무를 처리하고, 퇴근해서 저녁 먹고 아이들과 시간을 보내다가 잠드는 그런 평범한 하루들.

 가끔 '나는 뭔가 특별한 일을 하고 살고 있나' 하는 생각이 든다. 드라마틱한 인생 스토리도 없고, 남들이 부러워할 만한 화려한 경력도 없다. 어렸을 때부터 꿈꿔온 일을 하고 있는 것도 아니고, 세상을 놀라게 할 만한 성취를 이룬 것도 아니다. 그저 주어진 환경에서 주어진 역할을 해내며 살고 있을 뿐이다. 때로는 이런 평범함이 부끄럽게 느껴질 때가 있다. 동창회에 가서 "요즘 뭐해?"라는 질문을 받을 때, "그냥 회사 다니면서 아이들 키우고 있어"라고 대답하는 내 모습이 초라해 보일 때가 있다.

 특히 SNS를 보면서 비교의식에 빠질 때가 많았다. 같은 나이 또래의 친구가 해외에서 성공했다는 소식을 보면 부럽기도 했다. '나는 왜 이렇게 평범하게 살고 있을까' 하는 생각이 든다. 어떤 친구는 의사가 되어 있었고, 어떤 친구는 변호사가 되어 있었다. 그런 모습들을 보면 내 삶이 너무 뻔하고 재미없어 보일 때가 종종 있었다.

 책을 두 권 출간했다는 것도 가끔은 민망하다. 책을 출간한 작가는 맞지만, 사실 베스트셀러도 아니고 화제작도 아니었다. 개인적인 업무 경험을 담은 소소한 책 한

권과 감정필사 노트 한 권일 뿐이다. 가끔 사람들이 "책 내셨다면서요? 대단하시네요."라고 말해줄 때도 "아니에요, 별거 아니에요"라고 겸손하게 답하면서도 속으로는 '정말 별거 아닌데 왜 이렇게 큰일 한 것처럼 말하지' 하는 생각이 든다.

하지만 어느 순간부터 생각이 바뀌기 시작했다. 특별함이란 게 과연 무엇인지에 대해 다시 생각해보게 되었다. 화려한 성취나 드라마틱한 인생 스토리만이 특별한 것일까. 매일 아침 아이들을 깨우면서 "오늘도 좋은 하루 보내자"고 말해주는 것, 퇴근 후 아이와 놀이터에 가서 함께 땀 흘리며 뛰어노는 것, 힘든 하루를 보낸 아내에게 "고생했어."라고 말해주는 것, 이런 것들은 특별하지 않은 것일까.

헨리 데이비드 소로는 『월든』에서 "대부분의 사람들이 조용한 절망의 삶을 살고 있다"고 했다. 하지만 그는 아무리 평범한 삶이라도 그 안에서 유쾌하고 영광스러운 시간을 가질 수 있다고도 말했다. 나는 평범한 일상 속에도 의미 있는 이야기들이 있다는 걸 깨달았다. 아이가 처음 "아빠"라고 말했을 때의 감동, 가족과 본 영화가 재미

있어 집에 와서도 계속 이야기했던 저녁, 아내와 동네를 산책하며 나눈 소소한 대화들.

이런 순간들이 누군가에게는 부러운 일상일 수 있다는 생각이 들었다. 건강한 가족이 있고, 안정적인 직장이 있고, 매일 함께 식사할 수 있다는 것 자체가 얼마나 소중한 일인지를 뒤늦게 깨달았다. 글을 쓰면서도 이런 생각이 더 확고해졌다. 처음에는 '내 이야기가 과연 누군가에게 의미가 있을까' 하는 의구심이 있었다. 특별한 경험도 없고, 대단한 성취도 없는 평범한 사람의 이야기를 누가 읽고 싶어 할까 하는 생각 때문이었다. 하지만 첫 번째 책을 출간한 후 독자들의 반응을 보면서 놀랐다. "저도 비슷한 경험이 있어서 공감됐어요.", "평범한 일상을 이렇게 따뜻하게 써주셔서 위로가 됐어요." 같은 댓글들을 받았다. 그리고 두 번째 책을 출간한 후에는 더 많은 독자들의 반응에 놀라움과 동시에 감사한 마음이 정말 컸다.

그제야 깨달았다. 평범한 이야기도 누군가에게는 특별한 위로가 될 수 있다는 것을. 아이들과 함께 보내는 시간도 마찬가지다. 놀이터에서 그네를 밀어주고, 저녁에 책을 읽어주고, 목욕을 시켜주는 그런 일상들이 사실은 얼마나 소중한 시간들인지 모른다. 아이들에게는 아빠가 함께 있어 준다는 것만으로도 세상에서 가장 특별한 경험이다. "아빠랑 있으면 재밌어요.", "아빠가 제일 좋아요."라고 말하는 아이들을 보면서 '내가 누군가에게는 세상에서 가장 특별한 사람이구나.' 하는 생각이 든다.

직장에서도 마찬가지다. 매번 큰 성과를 내는 것은 아니지만, 맡은 일을 성실하게 처리하고 동료들과 협력해서 일하는 것만으로도 충분히 가치 있는 일이다. 특별한 업적은 없을지라도, 신뢰할 수 있는 동료, 의지할 수 있는 팀원으로 인정받는 것도 나름의 의미가 있다.

"지금보다 행복할 더 좋은 시간은 없다"는 말처럼, 행복은 특별한 순간이 아니라 평범한 일상에서 찾을 수 있다. 모든 사람이 CEO가 될 필요도, 스타가 될 필요도 없다. 각자의 자리에서 자신의 역할을 충실히 해내는 것만으로 충분히 특별하다.

요즘은 SNS를 볼 때도 마음가짐이 달라졌다. 다른 사람들의 화려한 일상을 보면서 부러워하기보다는 '저 사람은 저 사람대로 열심히 살고 있구나' 하고 생각한다. 그리고 내 평범한 일상도 나름대로 의미가 있다는 것을 인정한다. 해외여행 사진은 없을지라도 아이들과 함께 동네 공원에서 찍은 사진들이 있고, 승진 소식은 없을지라도 가족들과 함께 보낸 따뜻한 저녁 시간들이 있다. 특별해지려고 억지로 애쓰는 것보다는 지금의 나를 있는 그대로 받아들이는 것이 더 자연스럽고 건강한 것 같다. 평범한 남편, 평범한 아빠, 평범한 직장인이어도 괜찮다. 그런 평범함 속에서도 누군가에게는 소중한 존재이고, 누군가에게는 필요한 사람이다. 아이들에게는 세상에서 가장 든든한 아빠이고, 아내에게는 함께 인생을 나누는 동반자이고, 직장에서는 믿고 맡길 수 있는 동료다.

이것만으로도 충분히 특별한 존재가 아닐까. 특별하지 않아도 괜찮다. 드라마틱한 인생이 아니어도 괜찮다. 중요한 것은 주어진 일상을 충실하게 살아가는 것, 내게 소중한 사람들과 의미 있는 시간을 보내는 것이다. 세상의 주목을 받지 못해도, 화려한 성취가 없어도, 평범한 일상 속에서 찾는 작은 행복들이 진짜 특별함이라고 생각한다.

나만의 평범하고 소소한 이야기도 누군가에게는 위로가 되고 공감이 될 수 있다는 믿음을 갖고 오늘도 평범하지만 의미 있는 하루를 보내고 있다.

에필로그

이 책을 마무리하면서, 나는 여전히 완벽하지도 특출나지도 않은 사람이라는 것을 고백한다. 아마 죽을 때까지 속으로 '다 못해도 괜찮아, 괜찮아, 괜찮아'를 외칠 것 같다. 지금도 가끔 실수를 하면 과도하게 자책하곤 하고, 다른 사람들과 나를 비교하며 위축되기도 한다. 완벽주의는 하루아침에 사라지는 것이 아니었다. 그것은 오랜 시간에 걸쳐 조금씩, 아주 천천히 누그러지는 것이었다.

하지만 예전과 다른 점이 있다면, 이제는 그런 내 모습을 조금 더 따뜻하게 바라볼 수 있게 되었다는 것이다. "아, 또 그러고 있구나."라며 나 자신을 관찰할 수 있는 여유가 생겼고, 실수했을 때도 "그럴 수 있지, 다음엔 조금 더 조심하자" 하고 넘어갈 수 있게 되었다.

이 책을 쓰는 과정 자체가 그랬다. 처음에는 완벽한 글을 써야 한다는 부담감이 컸다. 하지만 쓰다 보니 완벽하지 않은 글이어도 진정성만 있다면 누군가에게는 의미가 있을 수 있다는 것을 깨달았다. 그래서 화려한 문체나 깊이 있는 철학적 사유보다는, 내가 경험한 솔직한 이야기들을 담기로 했다.

독자들에게도 같은 말을 하고 싶다. 우리 모두 완벽하지 않아도 괜찮다. 다 못해도 괜찮다. 때로는 일이 뜻대로 되지 않을 수도 있고, 다른 사람들보다 부족하게 느껴질 때도 있을 것이다. 그러나 그것이 우리의 가치를 결정하지는 않는다. 우리는 완벽하지 않은 그 모습 그대로도 충분히 소중한 존재다.

나는 앞으로도 계속 실수할 것이고, 완벽하지 않은 선택들을 하며 살아갈 것이다. 하지만 이제 그것을 두려워하지 않는다. 왜냐하면 완벽하지 않기 때문에 배울 수 있고, 성장할 수 있고, 무엇보다 더 인간다울 수 있다는 것을 알게 되었기 때문이다.

이 책이 완벽하다고 말할 수는 없다. 분명 부족한 부분들이 있을 것이고, 더 잘 쓸 수 있었던 부분들도 있을 것이다. 하지만 그것마저도 괜찮다. 완벽하지 않은 이 책이, 완벽하지 않은 우리 모두에게 작은 위로가 되기를 바란다.

다 못해도 괜찮다. 우리는 그렇게 살아가면서도 충분히 아름답다.

원고를 다듬고 에필로그를 마무리하는 시점에 올해 초등학교에 입학한 첫째 아들이 학교에서 '지금, 이 순간 나에게 소중한 것을 그려 보세요. 그림을 그릴 때 내 마음도 함께 있다고 상상하면서 그려 보세요.'라는 과제에 '우리가족'이라고 적었다. 그저 일상이 감사할 뿐이다.

하나 더, 아들에게 '하지 않는 것'과 '못하는 것'의 차이에 대해 생각해보자고 했더니, '하지 않는 것은 시작을 아예 안 한 것'이고, '못하는 것은 해봤는데 잘하지 못하는 것'같다고 한다. 이에 내가 "그럼 아들은 안하는 사람이 될 거야? 못하는 사람이 될 거야?"라고 묻자, 아들은 이렇게 답했다. "안 못하는 사람", 과연 우문현답이었을까. 앞으로 잘 지켜봐야겠다.

완벽하지 않아도 괜찮아. 다 못해도 괜찮아.

다 못해도 괜찮아

발행일	2025년 11월 3일 초판 1쇄
지은이	최승호
펴낸이	황준연
편집 디자인	오형석
펴낸곳	작가의 집
출판사등록	2024.2.8(제2024-9호)
주소	제주도 제주시 화삼북로 136, 102-1004
이메일	huang1234@naver.com
연락처	010-7651-0117
홈페이지	https://class.authorshouse.net
ISBN	979-11-94947-70-7(03810)

· 이 책은 저작권법에 의하여 보호를 받는 저작물이므로
  무단 전재와 복제를 금합니다.
· 파본은 구입하신 서점에서 교환해드립니다.